Calendrier des semis 2021 Biodynamique

JARDINAGE
AGRICULTURE

Tendances météorologiques

D'après les recherches de Maria et Matthias Thun

MABD
Mouvement de l'agriculture biodynamique

Comment lire le Calendrier des semis

CHÈRES LECTRICES ET CHERS LECTEURS,

Merci d'avoir choisi le *Calendrier des semis Biodynamique* pour vous guider dans vos travaux de jardinage ou d'agriculture tout au long de l'année 2021. Ce calendrier lunaire et planétaire présente différents niveaux de lecture qui pourront satisfaire autant le jardinier novice que le paysan biodynamiste expérimenté. Il présente également la particularité d'offrir des prévisions météorologiques.

- Le jardinier et l'agriculteur pourront, de façon très simple et directe, **trouver les indications pratiques concernant les travaux agricoles** dans les tableaux mensuels de l'**agenda** à partir de la page 48, à gauche. Les pages de droite peuvent être utilisées pour prendre des notes. **L'illustration de la page suivante « indications pratiques »** explique comment se repérer et lire ces indications dans les 12 tableaux mensuels. **Elle est reprise sur le rabat de la dernière page afin de pouvoir la visualiser en même temps que les tableaux mensuels.**

- Les indications pratiques étant toutes induites par des **phénomènes astronomiques**, les 12 tableaux mensuels présentent également une colonne « astronomie » (première colonne bleu nuit, à gauche) qui permet de visualiser directement ces phénomènes astronomiques. **L'illustration « indications astronomiques » de la page 4,** explique comment se repérer et lire ces indications dans les 12 tableaux mensuels.

- Les larges **bandes de couleur** des 12 tableaux mensuels illustrent la manière dont les différentes influences cosmiques du jour se superposent et interagissent. En effet, toutes les planètes agissent de concert, chacune modifiant l'influence des autres. Ces phénomènes s'exercent en particulier sur la météorologie. **L'illustration de la page 5 « météorologie et astronomie »** offre plus d'explications sur cette représentation graphique.

- Ces bandes de couleur sont basées sur les phénomènes illustrés dans les 12 **tableaux astronomiques mensuels.** Ces tableaux donnent une image complète des principaux phénomènes astronomiques relatifs aux planètes de notre système solaire (oppositions, conjonctions, nœuds, trigones...). **L'illustration à l'intérieur du rabat de la dernière page « lire les tableaux astronomiques »** explique en détail comment se repérer dans ces tableaux. Une autre visualisation du parcours des planètes dans les constellations du zodiaque est offerte par les 12 **cartes géocentriques** mensuelles.

Dans la partie agenda (p. 48 à 119), vous trouverez pour chaque mois :

1. Le tableau mensuel (indications pratiques et courbes de couleur)
2. Des conseils de jardinage
3. Des conseils pour pratiquer la biodynamie
4. La carte géocentrique et un texte descriptif du « ciel du mois »
5. Le tableau astronomique et un texte de prévisions météorologiques.

Indications pratiques

(voir aussi les pages 17 à 39)

Pour utiliser ce calendrier, il faut d'abord définir à quelle famille (racine, fleur, feuille ou fruit) appartiennent les plantes que vous voulez cultiver, c'est à dire quel est leur **type de fructification** (voir le tableau des pages 46 et 47). Ensuite il suffit d'intervenir durant la bonne période (racine, fleur, feuille ou fruit) sur le sol (labour, préparation du lit de semence, semis, plantation, binage, buttage) ou sur la plante (pulvérisations, taille, récolte...). Les **périodes**-racine, fleur, feuille, **fruit** sont favorables respectivement aux **plantes**-racine, fleur, feuille **ou** fruit.

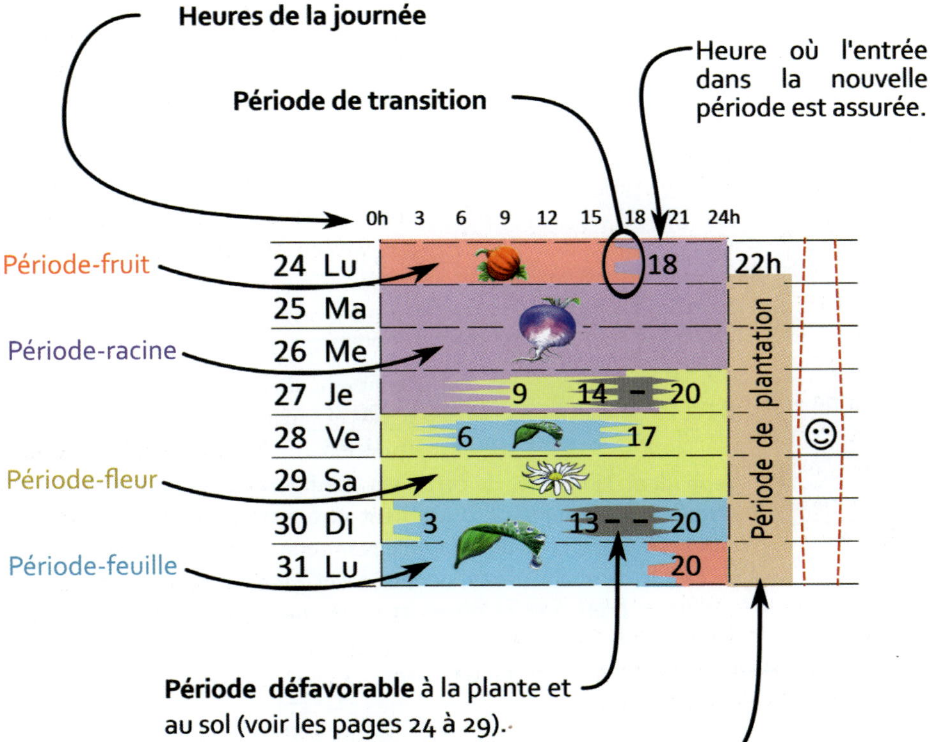

Période de plantation
(lisible verticalement, avec l'heure de début et l'heure de fin). Elle indique les périodes où la reprise des plantes repiquées est la meilleure. Les semis sont indépendants de ce rythme (voir les pages 22 et 23).

Les heures données dans ce calendrier sont celles de la France métropolitaine.
Lors de l'impression de ce Calendrier des semis 2021, aucune décision concernant le maintien ou non de l'heure d'hiver n'a été prise.
Le passage à l'heure d'hiver est conservé dans ce calendrier.

Indications astronomiques

(voir la légende des symboles astronomiques sur le rabat de la dernière page de couverture)

Les symboles présents dans cette colonne indiquent la **constellation du zodiaque devant laquelle circule** la Lune (☽). La couleur de chaque symbole est celle de l'élément auquel chaque constellation est reliée (voir le tableau p. 17). En général, le caractère racine, fleur, feuille ou fruit d'une période correspond à l'influence de l'élément Terre, Air-Lumière , Eau ou Chaleur porté par la constellation devant laquelle circule la Lune. Une telle **période dure deux à trois jour**s en fonction de l'étendue de la constellation et donc du temps que prend la Lune pour la parcourir. Lors de son passage d'une constellation à l'autre, la Lune traverse durant deux heures environ une "zone de transition" et son influence est alors incertaine.

Dans ce calendrier, **l'heure indiquée** est la première qui suit ce **temps d'incertitude**.

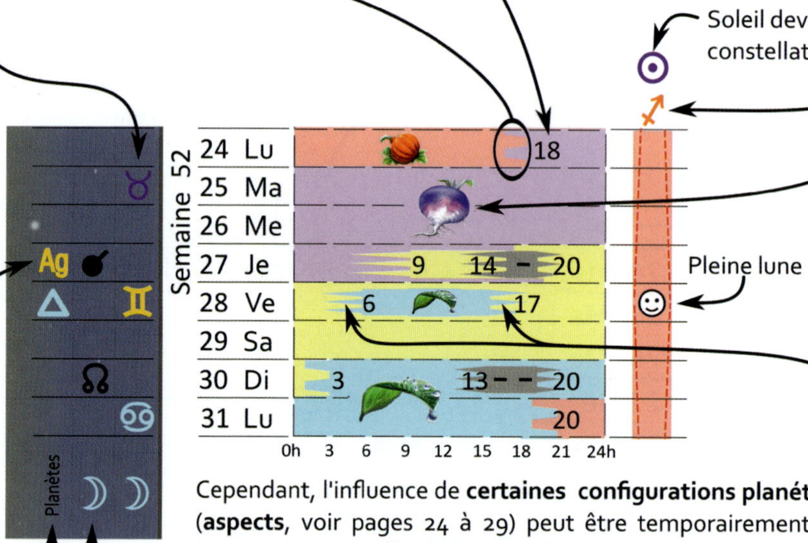

Cependant, l'influence de **certaines configurations planétaires** (**aspects**, voir pages 24 à 29) peut être temporairement plus importante que celle de la Lune devant une constellation. Dans ce cas, le symbole correspondant à cet aspect est placé dans une des 2 premières colonnes et la période sous son influence est de la même couleur que ce symbole.

Colonne des **aspects liés à la Lune**

Colonne des **aspects liés aux autres planètes**

Toutefois, si plusieurs aspects dont l'influence est plus forte que celle de la Lune devant les constellations ont lieu le même jour, leurs symboles sont mis par ordre chronologique de leur occurrence. La colonne des aspects liés à la Lune peut alors contenir le symbole d'un aspect lié à d'autres planètes (ici une occultation) et la colonne des aspects liés aux autres planètes peut contenir le symbole d'un aspect lié à la Lune (ici un apogée de la Lune).

L'influence de ces aspects s'installe et s'atténue progressivement.

Pour savoir quelles planètes sont responsables des positions astronomiques particulières et l'heure de ces aspects, il suffit de se reporter au **tableau astronomique correspondant** (dernière des 6 pages consacrées à chaque mois).

Une description des phénomènes astronomiques présentés dans ces tableaux mensuels et de leur influence sur les plantes cultivées est donnée au **chapitre "Les rythmes cosmiques et leurs influences", pages 17 et suivantes.**

Météorologie et astronomie (voir aussi les pages 40 à 45)

Les six courbes colorées présentées chaque mois en couleur de fond proposent une représentation graphique du niveau d'action de **six impulsions cosmiques** sur les phénomènes météorologiques. Plus une courbe s'étend vers la droite, plus l'impulsion correspondante est active.
Ce tableau résume le **sens d'évolution de la météo** habituellement observé sous l'influence de chacune de ces impulsions. Nous indiquons, dans les colonnes de droite, les **phénomènes astronomiques** en lien avec ces impulsions. L'importance de ces phénomènes à un instant donné nous permet d'évaluer le niveau d'action de chaque impulsion.

Astronomie (voir la légende des symboles sur le rabat de couverture)

	Impulsion Elément	**Météorologie** Sens d'évolution habituellement observé → *Si l'action est soutenue* →→ *très soutenue* *par :*	*constellations*	*planètes*	*positions particulières*	pages des descriptions météorologiques
Page de droite	Chaleur	Adoucissement de la température Nuits plus chaudes → "Lourd" → **Averses ponctuelles** →→ **Orages**	♈ ♌ ♐	☿ ♄ ♇	△ ▲	40
Page de droite	Air-Lumière	Mise en mouvement de l'air provoquant son assèchement → Éclaircie Vent possible → Ciel dégagé Sec → Réchauffement diurne Refroidissement nocturne →→ Canicule l'été Grand froid l'hiver	♊ ♎ ♒	♀ ♃ ♅	△ ▲ Ag	40
Page de droite	Eau	**Augmentation de** l' humidité Modération des températures → Extension de la couverture nuageuse → Nuages bas continus →→ **Pluie**	♓ ♋ ♏	☽ ♂ ♆	△ ▲	41
Page de droite	Terre	Rafraichissement sans excès car condensation de l'humidité → **Brouillards matinaux** Rosée abondante →→ **Bruine ou neige**	♉ ♍ ♑		△ ▲	41
Page de gauche		Multiplication et mise en mouvement des dépressions avec fractionnement des anticyclones (variation plus rapide de la pression dans un sens puis dans l'autre) → **Variable**			☻ ☌ ☌	44
Page de gauche		Gonflement des anticyclones (lente montée de la pression dans de nombreuses régions) et immobilisation des centres dépressionnaires (maintien des basses pressions dans d'autres régions) → **Stabilisation** des masses d'air			☺ ☍ ☍	44
	- - -	Augmentation de l'humidité → Nuages bas persistants.			**Pg** ☊ ☋	

Prévisions météorologiques mensuelles

Les données astronomiques qui nous permettent de proposer des tendances météorologiques au fil des jours (textes à retrouver dans la **partie agenda** du Calendrier des semis) sont à un instant donné les mêmes pour toute la Terre. Les courbes que nous proposons chaque mois en couleur de fond sont donc aussi valables pour toute la Terre. Lorsqu'un élément est franchement dominant, le sens d'évolution des conditions météorologiques est effectivement le même partout, par contre l'intensité de cette évolution est très variable suivant les lieux. Lorsque plusieurs éléments sont bien soutenus, le sens d'évolution des conditions météorologiques varie lui-même suivant les régions. Chaque lieu a un lien particulier avec chacun des éléments et les relations observées varient alors en fonction du lieu et de ce lien. Chacun dans son pays et dans sa région doit donc tenter de cerner ce lien pour pouvoir ensuite mieux utiliser toutes ces données de façon prévisionnelle. **Les textes des pages 40 et 41** pourront vous guider dans cette recherche.

TABLE DES MATIÈRES

Biodynamie Recherche

Soutenir et développer la rechercher en agriculture biodyanmiqu

Le MABD vous invite à découvrir l'association Biodynamie Recherche et son site internet qui propose un accès facilité à de nombreux travaux scientifiques sur la biodynamie : synthèses d'articles par thématiques, traductions, actualité...

Visitez le site www.biodynamie-recherche.org
et abonnez-vous à la newsletter !
Aperçu des dernières publications :

Les plantes et la Lune : traditions, phénomènes et synthèse scientifique

8 juillet 2020

Une synthèse historique et scientifique des plus complètes sur l'influence des rythmes lunaires sur les plantes. L'auteur, Ernst ZÜRCHER, est ingénieur forestier et docteur en sciences naturelles, professeur et chercheur en sciences du bois à la Haute École spécialisée bernoise [...]

Quand les actes agricoles sont au care et au compagnonnage : l'exemple de la biodynamie

3 juillet 2020

L'université d'été de Betteshanger : le chaînon manquant entre l'agriculture biodynamique et l'agriculture biologique

25 mai 2020

Les fondements de l'écologie spirituelle chez Rudolf Steiner

30 juin 2020

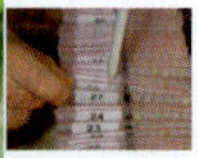

Effets de la préparation biodynamique « bouse de corne » sur la croissance du cresson (Lepidium sativum L.) dans un essai biologique

26 mai 2020

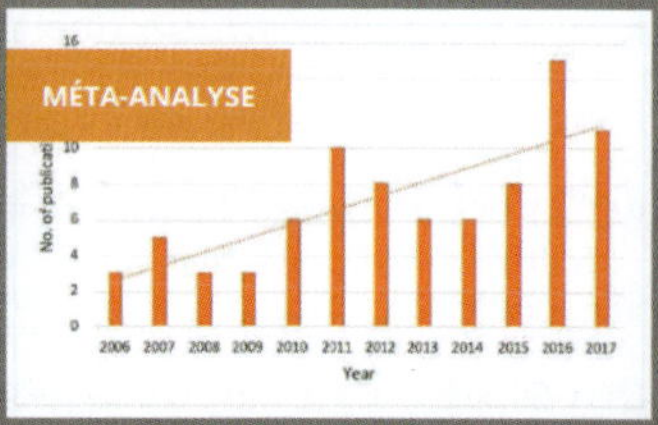

Recherche en agriculture et alimentation biodynamique : une synthèse

par Biodynamie Recherche dans agronomie

Après une introduction à l'agriculture biodynamique, cette étude donne un aperçu des publications évaluées par des pairs sur des questions relatives à l'alimentation et à l'agriculture biodynamiques publiées entre 2006 et 2017. [...]

biodynamie-recherche.org

Vivre les rythmes cosmiques

Ce Calendrier des semis est le résultat de recherches menées dans le cadre de l'agriculture biodynamique. C'est pourquoi il nous paraît important de rappeler en premier lieu quelques éléments fondamentaux sur la méthode biodynamique et sur son approche de la nature et du cosmos.

La conception biodynamique du jardinage et de l'agriculture est basée sur la nécessité de concevoir le domaine agricole ou le jardin comme un organisme vivant. Dans la nature, chaque lieu, unique par son sol, son relief, son microclimat et tout son environnement naturel, forme un tout organique. Les pratiques biodynamiques visent à renforcer l'unité de cet organisme. Il est donc impossible de se contenter d'appliquer de simples recettes agronomiques valables en tout lieu et en tout temps. Au contraire, il faut adapter les manières d'agir aux conditions du lieu tout en prêtant attention aux influences cosmiques.

Dans son *Cours aux agriculteurs** qui pose les fondements de la méthode, le scientifique et philosophe **Rudolf Steiner**, fondateur de la biodynamie, nous invite à élargir notre horizon et à étudier chaque chose dans sa globalité. L'agriculture biodynamique, pionnière de l'écologie depuis 1924, est l'un des courants qui a donné naissance à l'agriculture biologique.

LA PLANTE, UN ÊTRE TOTALEMENT OUVERT

Pour saisir la plante, il faut considérer que, pour vivre, elle a autant besoin du sol que du cosmos tout entier. Pour comprendre cela, on peut la comparer à une boussole dont l'orientation de l'aiguille ne peut être saisie qu'en considérant la Terre entière avec son champ magnétique, c'est-à-dire un environnement très vaste.

La plante, à la différence de l'animal et de l'être humain, est un être vivant totalement ouvert à son environnement terrestre et cosmique auquel elle réagit très sensiblement. Elle est extrêmement réceptive à tous les rythmes cosmiques (rythmes solaires : jour/nuit et année, lunaires, planétaires, etc.). C'est ce que confirme la chronobiologie, science émergente qui étudie les phénomènes rythmiques chez les êtres vivants. Chez l'homme et l'animal ces rythmes sont davantage intériorisés dans les fonctions physiologiques.

LES INFLUENCES COSMIQUES

Si l'influence des rythmes solaires sur les plantes peut être facilement constatée par chacun, celle des rythmes lunaires est plus subtile. On entend dire : *« Je ne crois pas à l'influence de la Lune »*. Par contre, chacun *« croit »* à l'influence du Soleil car il en fait chaque jour l'expérience concrète. Pourtant plusieurs publica-

* *Le Cours aux agriculteurs*, édition Novalis 2013, disponible au MABD

tions scientifiques de référence font état de ces observations[1].

Mais comment détecter l'influence de ces rythmes dont on ne fait pas (ou plus) l'expérience directe ? D'abord par l'observation des effets produits sur les plantes dans le cadre d'essais systématiques. C'est ce qu'a fait la chercheuse allemande Maria Thun, à la suite de quelques prédécesseurs comme Lily Kolisko et Franz Rulni, pendant une cinquantaine d'années, en étudiant les relations entre la croissance des plantes et les moments des semis et autres travaux agricoles. Elle a ainsi souvent constaté les mêmes effets sous les mêmes positions lunaires. Par exemple chaque nœud lunaire entraîne des perturbations de la croissance.

Cependant, trouver des relations entre la croissance végétale et des positions planétaires au moment de l'intervention sur la plante (on parle de corrélations) ne suffit pas à expliquer cette influence. Comment comprendre le mode d'action des influences planétaires sur les plantes ? Comment les percevoir véritablement, en avoir un ressenti concret ? Il faut commencer par s'ouvrir à la beauté des phénomènes qui se déroulent chaque jour dans le ciel pour vivre plus consciemment les rythmes, ce à quoi vous invite ce calendrier.

La laitue des murailles exprime par toute sa forme la différence de milieu.
À gauche à l'ombre, à droite à la lumière directe du Soleil.

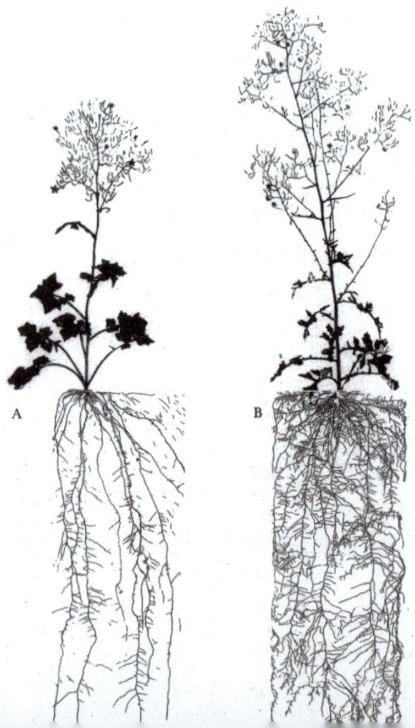

Un problème majeur pour prouver l'action des influences planétaires est le fait qu'on ne retrouve jamais exactement la même situation dans le ciel. Par exemple, la Lune est en nœud tous les 14 jours mais ce nœud n'a pas lieu devant la même constellation et les autres planètes se trouvent dans une position différente à chaque nœud. Les rythmes des planètes qui se superposent sont si nombreux que le ciel est différent à chaque instant.

Le jardinier et l'agriculteur travaillent avec des êtres vivants qui, à la différence des objets, réagissent individuellement et en fonction de multiples facteurs aux influences de leur environnement. Une plante ne donne pas seulement plus ou moins de rendement, elle crée aussi des formes de feuilles différentes et des substances de qualité différente, etc. Il n'y a jamais deux plantes identiques. L'étude de l'influence des astres sur les plantes demande donc d'utiliser aussi des méthodes qualitatives (observation morphologique, cristallisations sensibles*, etc.) en plus des méthodes analytiques classiques le plus souvent quantitatives (mesure et poids, etc.).

LES RYTHMES PORTEURS DE VIE

Chacun d'entre nous l'aura constaté : quand dans sa vie on traverse une période « chaotique », sans rythme, mangeant à toute heure, se couchant à des horaires très variables, on se fatigue beaucoup plus vite et on a

**La cristallisation sensible ou « cristallisation du chlorure de cuivre avec additif » constitue une méthode globale d'évaluation de la qualité d'un produit, alimentaire par exemple, basée sur l'analyse de la forme macroscopique des cristaux obtenus par cristallisation dans une enceinte dont les conditions sont standardisées.*

tendance à déprimer. Notre corps de vie, source de notre vitalité, est affaibli. Un des premiers remèdes consiste tout simplement à remettre des rythmes dans sa vie, à accomplir certaines choses de manière régulière chaque jour, ou chaque semaine, pour se ressourcer. Le respect des rythmes est encore beaucoup plus important pour les plantes puisqu'elles vivent en totale dépendance des rythmes de la journée, du mois (rythmes lunaires) et de l'année. Le *Calendrier des semis* vous invite à découvrir et à renouer consciemment avec un certain nombre de rythmes célestes vous permettant ainsi de renforcer la santé de vos plantes, de vos animaux ainsi que la vôtre. Nous qui avons toujours plus tendance à vivre à l'intérieur, nous oublions peut-être que la division du temps (année, mois, jours) n'est pas arbitraire : elle repose sur les rythmes célestes.

S'OUVRIR AUX RYTHMES

Le *Calendrier des semis* peut aider à choisir des dates favorables ou à éviter des dates défavorables, mais c'est aussi un outil de travail pour s'ouvrir aux nombreux rythmes cosmiques et apprendre à toujours mieux ressentir l'instant présent en développant son sens de l'observation.

LA MAIN VERTE

Un dernier aspect à considérer est l'influence exercée par le chercheur lui-même. La science a pour idéal l'objectivité. Elle souhaite faire des expériences de sorte que le chercheur n'intervienne pas sur les résultats. Or il semble que ceci soit une illusion – de nombreux physiciens en sont maintenant convaincus. En tout cas, quand il s'agit d'expérimenter avec le monde des plantes, l'objectivité totale est impossible. Les chercheurs savent que certains d'entre eux obtiennent avec les plantes de bien meilleurs résultats que d'autres, même dans un laboratoire totalement contrôlé par informatique. Ce qu'on appelle « la main verte » existe effectivement. Cette main verte qui agit sur les plantes, c'est le lien intime avec le végétal, l'intérêt qu'on lui porte, la perception qu'on en a et le comportement subtil du jardinier.

Ainsi, ce qui fait la réussite d'une culture, ce sont autant les influences terrestres et météorologiques que cosmiques et humaines (et peut-être d'autres).

Jean-Michel Florin

[1] K.P. Endres et W. Peter, *Biologie des Mondes*, éditions Hirzel, 1997.

[1] E. Zürcher, Les plantes et la Lune : traditions et phénomènes dans *Aux origines des plantes* sous la direction de Francis Hallé, éditions Fayard 2008.

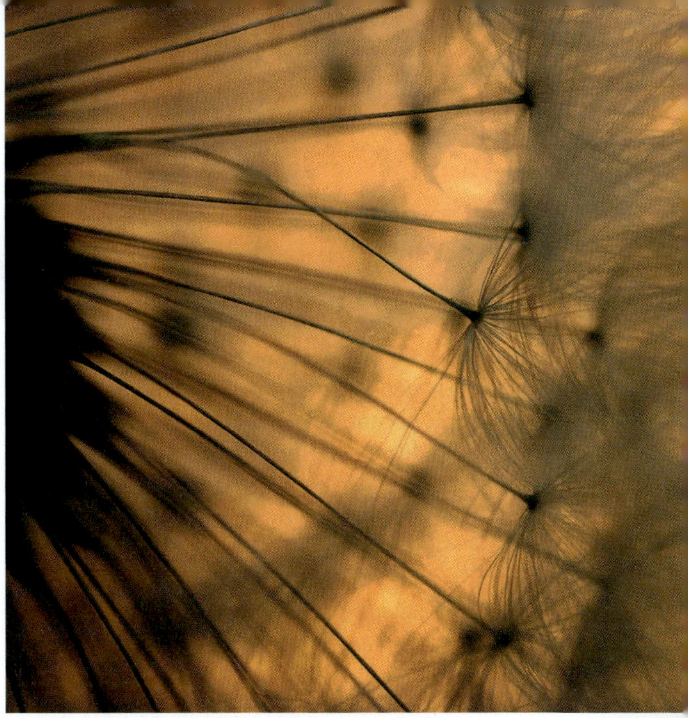

La plante, un être en lien avec le cosmos.

Constellations, éléments et plantes cultivées

Ce calendrier, basé sur une vision géo-héliocentrique du ciel, met un accent particulier sur l'influence que les constellations du zodiaque et les planètes exercent sur les végétaux au travers de la stimulation de l'un des quatre éléments : Terre, Air, Eau et Feu. Ce chapitre développe ces aspects. Le chapitre suivant (p. 17) portera sur les autres rythmes cosmiques importants pour l'agriculture et le jardinage.

UN CALENDRIER LUNAIRE ET PLANÉTAIRE

Le *Calendrier des semis* ne prend pas seulement en compte les positions de la Lune, mais aussi celles de toutes les planètes du système solaire et leurs configurations entre elles. C'est la raison pour laquelle certaines indications données dans les tableaux mensuels de l'agenda ne reflètent pas seulement la position de la Lune devant les constellations zodiacales, mais tiennent aussi compte des mouvements d'autres planètes devant ces mêmes constellations ainsi que de certaines positions particulières des planètes entre elles (cf. p. 17 à 29).

LE SYSTÈME GÉOCENTRIQUE

L'observateur du ciel constatera aisément que le Soleil, au cours d'une journée, se déplace d'est en ouest : il se lève à l'Est et se couche à l'Ouest. Ceci est dû à la rotation de la Terre sur elle-même, en 24 heures. Cette rotation de la Terre entraîne le même phénomène pour la Lune, les planètes et tout le ciel étoilé : au cours d'une nuit tous les astres se déplacent conjointement vers la droite, d'Est en Ouest, lorsqu'on regarde vers le Sud.

Ces observations correspondent à la vision géocentrique (géo de *Gaïa* : la Terre en grec) de Ptolémée (vers 140 après J.-C.). Cette vision, qui correspond à la réalité perçue, place la Terre au centre ; le Soleil, la Lune et les planètes tournent autour d'elle.

Depuis Copernic (1473-1543), il est devenu habituel en astronomie de se représenter que les planètes tournent autour du Soleil qui est au centre, c'est le système héliocentrique (*Hélios* : le Soleil en grec). Cependant ce système nous place en tant qu'observateur extérieur : en imagination, nous devons nous projeter loin dans l'espace, en dehors du système solaire, loin de la réalité vécue sur Terre.

Si nous voulons percevoir le cosmos comme notre environnement en tant qu'habitant de la Terre, et comprendre ses influences sur la nature, nous devons adopter le **système géo-héliocentrique,** mis au point par Tycho Brahé (1546-1601), qui fait la synthèse des systèmes précédents et rend parfaitement compte des phénomènes célestes vus de la Terre. Le Calendrier des semis biodynamique se base donc sur ce système d'observation.

LES PLANÈTES DEVANT LE ZODIAQUE

De notre point de vue, le Soleil tourne

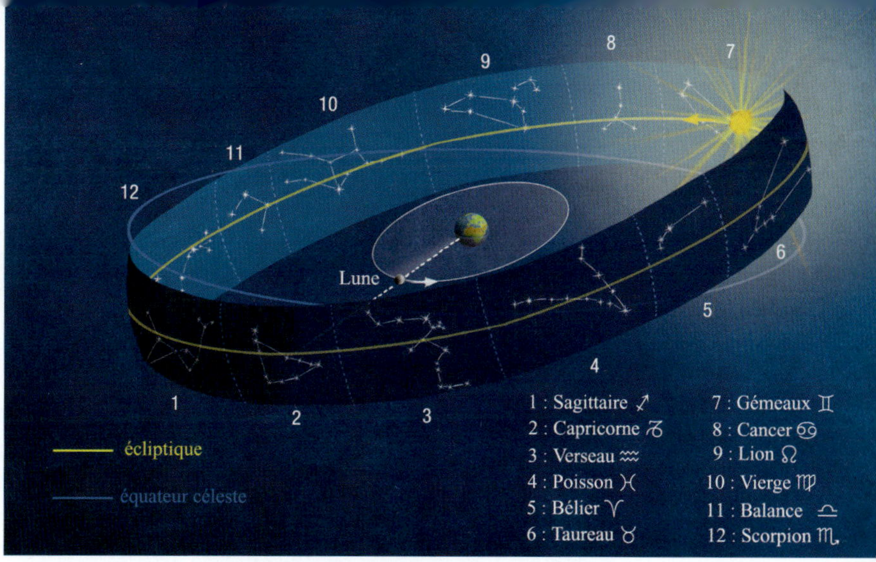

La Lune, le Soleil et les planètes circulent toujours devant les constellations du zodiaque.

autour de la Terre en une année (rythme sidéral du Soleil d'une durée de 365,25 j.). La projection de la trajectoire du Soleil sur la voûte céleste est appelée **l'écliptique.** Le plan formé par cette trajectoire circulaire ayant la Terre en son centre est appelé plan de l'écliptique. Toujours du point de vue géo-héliocentrique, la Lune (rythme sidéral d'une durée de 27,3 jours) et toutes les planètes se déplacent également autour de la Terre, chacune selon une durée et sur un plan différents. Cependant, les plans de rotations de tous les astres ne sont pas très « éloignés » du plan de l'écliptique, ils circulent tous (à l'exception de Pluton) à l'intérieur d'une bande de huit degrés d'arc de part et d'autre de l'écliptique. Cette bande est marquée par les constellations du zodiaque.

Le cercle du zodiaque est constitué par la bande des constellations devant lesquelles se déplacent le Soleil, la Lune et toutes les planètes (voir l'illustration ci-dessus).

LE ZODIAQUE : SIGNES ET CONSTELLATIONS

Il faut noter que les signes du zodiaque astrologique, issus de l'ancienne tradition, découpent le ciel en douze zones de 30° chacune. Au contraire, les constellations visibles dans le ciel (zodiaque astronomique) ont toutes des dimensions différentes (voir l'illustration page suivante). Ainsi le Soleil et la Lune passent par exemple plus de temps à parcourir la constellation de la Vierge ♍ que celle du Cancer ♋ ou celle de la Balance ♎.

Toutes les données de ce calendrier se basent sur les constellations telles que nous pouvons les observer concrètement dans le ciel actuel (zodiaque astronomique).

LA PRÉCESSION DES ÉQUINOXES ET LE POINT VERNAL

Le Soleil, au moment de l'équinoxe de printemps (instant de l'année où il traverse le plan équatorial terrestre), ne retrouve pas chaque année exactement la même position devant la bande du zodiaque. Du fait d'un très lent déplacement de l'axe de rotation de la Terre, cette position se décale d'un degré tous les 72 ans environ. Cette position du Soleil à l'équinoxe de printemps est appelée point vernal. Il faut en moyenne 2 000 ans pour que ce point vernal passe d'une constellation à l'autre. Le point vernal se trouve aujourd'hui dans les Poissons ♓ et se dirige vers le Verseau ♒. Pour cette raison, le zodiaque des constellations astronomiques est décalé d'environ 30° par rapport au zodiaque des signes astrologiques défini il y a 2 000 ans environ (voir l'illustration p. 14).

LE SOLEIL ET LES PLANÈTES DEVANT LA BANDE ZODIACALE

Lorsqu'on observe jour après jour les positions des planètes devant les étoiles fixes, on constate qu'elles se déplacent lentement, chacune à sa vitesse, d'Ouest en Est sur la bande zodiacale. Les planètes (ou astres mobiles) peuvent aussi être rétrogrades : leur mouvement apparent (c'est-à-dire vu de la Terre) décrit alors des boucles dans le zodiaque (voir p. 43). On trouve un reflet du rythme de ces boucles dans le monde des plantes, par exemple E. M. Kranich montre dans son ouvrage *Plantes et Cosmos*, que les cinq boucles de Vénus autour du Soleil se reflètent dans certaines familles de plantes, comme les Rosacées, dont les feuilles et les pétales sont disposés selon le chiffre cinq.

L'APPROCHE DE LA NATURE SELON LES QUATRE ÉLÉMENTS

L'approche de la nature selon les quatre éléments remonte à la Grèce antique. Aristote, en particulier dans le quatrième livre de sa *Météorologie*, développe cette vision qualitative du monde qui servit également de base à toute la science naturelle du Moyen-Âge. Il explique qu'il faut partir des quatre qualités élémentaires, chaud, froid, humide et sec, pour comprendre les éléments. On voit alors que la qualité terre se compose du froid et du sec, la qualité eau du froid et de l'humide, la qualité air du chaud et de l'humide, la qualité chaleur du chaud et du sec. Ainsi, pour comprendre les quatre éléments, il faut aborder la nature d'un point de vue qualitatif et non quantitatif ; les mesures de température, humidité, etc., ne suffisent pas pour appréhender leur nature profonde.

Il faut donc distinguer les quatre éléments des différents états de la matière (solide, liquide, gazeux). Ce domaine relève des processus de vie eux-mêmes.

- **L'élément Terre** s'exprime dans tout ce qui est dur, dense, fermé, figé, fixé, obscur. Chez l'homme, le squelette osseux révèle une qualité de froid et de sec, le crâne étant la partie la plus figée.

Chez la plante, c'est la **racine** qui a les qualités de cet élément. C'est l'organe végétal le plus durable, qui se revêt parfois d'une écorce ligneuse (qui ressemble à du bois). Pourtant, c'est la partie végétale à partir de laquelle la vie peut s'épanouir. Ainsi, l'élément Terre fournit à la plante l'ancrage grâce auquel elle peut se développer.

Traditionnellement, les constellations du Taureau ♉, de la Vierge ♍ et du Capricorne ♑ sont reliées à l'élément Terre.

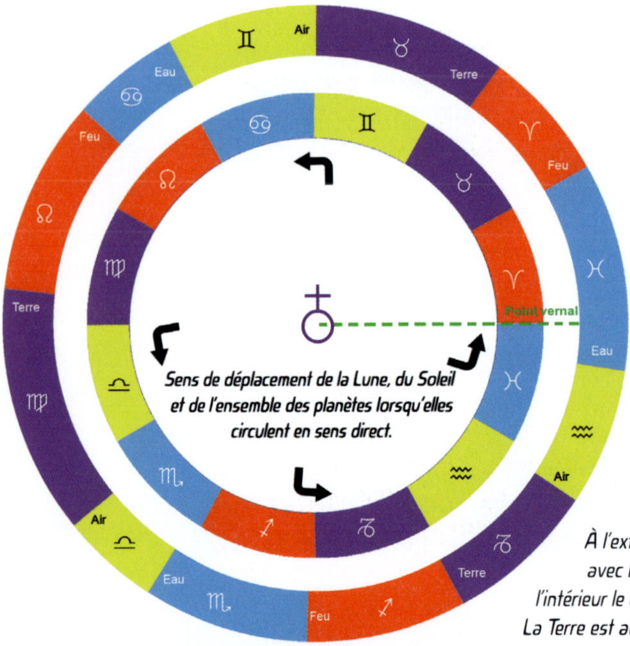

À l'extérieur, le cercle du zodiaque représentant les constellations avec leur taille, telles qu'elles sont visibles dans le ciel actuel. À l'intérieur le cercle des constellations issues de la tradition astrologique. La Terre est au centre, le Soleil et les planètes circulent autour de la Terre.

- L'élément Air ne sert pas à la formation ou au fonctionnement d'organes végétaux, mais provoque leur affinement. L'air autour de nous n'est pas seulement une des substances les plus légères, mais il rend aussi les autres choses plus légères, plus subtiles. L'élément Air est celui qui éveille l'être humain. Étant invisible, impalpable et discret, il nous permet de percevoir par nos sens, les couleurs, les sons, les odeurs de notre environnement.

Dans la plante l'élément Air transforme, par exemple, la feuille (organe végétatif) en **fleur**, organe très léger, coloré et odorant.

Traditionnellement, les constellations des Gémeaux ♊, de la Balance ♎ et du Verseau ♒ sont reliées à l'élément Air.

- **L'élément Eau** au contraire est d'une mobilité extrême, comme la substance eau qui passe facilement de l'état liquide à l'état solide (glace) ou à l'état gazeux (vapeur d'eau). L'élément Eau ne se fige jamais. Il modèle incessamment tout ce qu'il traverse et façonne les paysages (rivages, côtes, cours d'eau...). Chez l'homme, cet élément s'exprime dans tout ce qui est en mouvement constant, le sang et les autres liquides, mais aussi dans les organes qui n'arrêtent jamais leur activité.

Chez la plante, c'est la **feuille** qui est le plus étroitement liée à l'élément Eau. Elle s'étale dans l'espace comme l'eau et est capable de toutes sortes de métamorphoses. Les feuilles ne sont jamais exactement identiques et varient sous les influences extérieures tout comme, par ses ondes, l'eau qui reflète dans son miroir toutes les influences extérieures : les nuages, le vent, etc.

Traditionnellement, les constellations du Poisson ♓, du Cancer ♋ et du Scorpion ♏ sont reliées à l'élément Eau.

- **L'élément Feu** a un côté destructeur, mais dispense aussi de la chaleur. Sans chaleur, aucune vie ne pourrait se développer sur Terre, et sans feu destructeur, la vie ne pourrait se renouveler sur Terre. Chez l'homme, le feu se manifeste par l'enthousiasme, ce que les expressions « feu de l'enthousiasme », « feu de l'action » font clairement comprendre.

Dans le monde végétal, cet élément s'exprime dans la graine et dans le **fruit**. La graine est d'une concentration extrême. Elle est comme minéralisée. Pourtant, c'est d'elle que la vie peut ressurgir. Dans le fruit, c'est la concentration de la chaleur solaire qui engendre les sucres et les arômes accumulés.

Traditionnellement, les constellations du Bélier ♈, du Lion ♌ et du Sagittaire ♐ sont reliées à l'élément Feu.

Bien entendu, les quatre éléments s'expriment dans toute la plante, mais chacun de ses organes est plus particulièrement dominé par l'un d'eux. Quand une plante cultivée développe en priorité un de ses organes, elle le fait en quelque sorte « fructifier ». Cette fructification peut se produire dans les quatre organes racine, fleur, feuille ou fruit avec le concours particulier d'un élément, respectivement Terre, Air, Eau ou Feu.

Or, chaque constellation zodiacale favorise un des quatre éléments. Plus précisément, le passage de la Lune devant les constellations du zodiaque stimule fortement l'élément de la constellation. Cet élément exerce alors son influence sur la terre, les plantes, les animaux...

C'est ce rapport entre les organes végétaux et l'impulsion venant des constellations que Maria Thun a pu mettre en évidence par ses expériences comparatives avec des plantes semées jour après jour et heure après heure. Il s'avère qu'en choisissant les dates des semis et des autres travaux en fonction de l'organe végétal à favoriser et selon la constellation correspondante, le rendement en quantité et en qualité augmente sensiblement :

- Les **plantes-racine** sont toutes les plantes dont nous consommons la partie souterraine (la « fructification » a lieu dans la sphère de la racine par exemple chez les radis, navets, oignons, pommes de terre...). Lorsqu'elles sont semées, soignées et récoltées en période-racine, elles offrent de bons rendements et une excellente qualité de conservation.

- Les **plantes-fleur** sont toutes les plantes que nous cultivons en vue de leur fleuraison. Lorsqu'elles sont semées, soignées et récoltées en période-fleur elles offriront un parfum plus intense, resteront longtemps fraîches et leurs pieds rejetteront des pousses latérales plus nombreuses. Récoltées en période-fleur, les fleurs séchées conservent plus longtemps la luminosité des couleurs.

Les observations de Maria Thun ont montré que le **fenouil** et le **chou brocoli à jets** répondent favorablement aux périodes-fleur.

- Les **plantes-feuille** sont toutes les plantes dont nous consommons les feuilles (la « fructification » a lieu dans la sphère de la feuille par exemple chez les salades, les choux, les bettes, les épinards...). Lorsqu'elles sont semées, soignées et récoltées en période-feuille, elles offrent de bons rendements, montent moins vite à graine, se conserveront mieux. Le **brocoli classique, l'asperge, les plantes condimentaires** dont on utilise les feuilles, les plantes fourragères sont des plantes-feuille. Cependant, les périodes-feuille sont défavorables pour récolter les plantes pour les tisanes. Dans ce cas, ainsi que pour récolter le chou à choucroute et toutes les plantes-feuilles destinées à des lacto-fermentations, Maria Thun recommande les périodes-fleur ou fruit.

- Les **plantes-fruit** sont toutes les plantes dont nous consommons les fruits (la « fructification » a lieu dans la sphère du fruit par exemple chez la tomate, les courges, les poivrons...). Lorsqu'elles sont semées, soignées et récoltées en période-fruit, elles offrent de bons rendements et une excellente qualité de conservation. Les **artichauts**, les **céréales** d'hiver et de printemps sont également des plantes-fruit mais les **oléagineux** (lin, tournesol, colza, etc.) constituent une exception : ils fournissent bien les meilleurs rendements en graines avec des semis en période-fruit, mais on obtiendra la meilleure qualité d'huile en pratiquant les soins, le sarclage, les pulvérisations biodynamiques (501) et la récolte de ces cultures en période-fleur.

Parmi les constellations favorisant les fruits, celle du Lion ♌ convient particulièrement aux plantes destinées à la production de semences et à la culture des petits fruits (fraisiers, framboisiers, etc.).

Une liste des plantes-racine-fleur-feuille ou fruit est donnée en pages 46-47.

Le tableau ci-dessous met en rapport les impulsions des constellations avec l'élément concerné, la tendance du temps et l'organe de la plante correspondant.

Constellation		Élément	Temps	Plante
Poissons	♓	Eau	Humide	Feuille
Bélier	♈	Feu/Chaleur	Chaud	Fruit
Taureau	♉	Terre	Frais/Froid	Racine
Gémeaux	♊	Air/Lumière	Clair/Aéré	Fleur
Cancer	♋	Eau	Humide	Feuille
Lion	♌	Feu/Chaleur	Chaud	Fruit/Graine
Vierge	♍	Terre	Frais/Froid	Racine
Balance	♎	Air/Lumière	Clair/Aéré	Fleur
Scorpion	♏	Eau	Humide	Feuille
Sagittaire	♐	Feu/Chaleur	Chaud	Fruit
Capricorne	♑	Terre	Frais/Froid	Racine
Verseau	♒	Air/Lumière	Clair/Aéré	Fleur

Les rythmes cosmiques et leurs influences

Ce chapitre décrit l'ensemble des rythmes cosmiques ayant une influence importante sur les plantes cultivées. Il en explique l'origine astronomique, en donne les implications dans la pratique agricole et permet de les retrouver facilement dans les pages mensuelles de l'agenda. Les tableaux des pages 3 et 4 condensent les informations développées dans ce chapitre.

LE RYTHME SIDÉRAL DES DIFFÉRENTS ASTRES

La Lune sidérale

Comprendre ce rythme

Le rythme sidéral de la Lune dure 27,3 jours. En effectuant sa rotation autour de la Terre, la Lune passe devant les 12 constellations du zodiaque (comme le fait le Soleil en un an). Le rythme sidéral correspond à la période qui sépare deux passages successifs de la Lune devant la même étoile (d'où l'adjectif sidéral) du zodiaque. Voir aussi les schémas et les textes des pages 12 à 14.

Les conséquences pratiques de ce rythme

Lorsque la Lune se trouve devant une constellation donnée, elle transmet à la Terre la qualité de l'élément lié à cette constellation. Cet élément favorise chez la plante la formation de l'organe qui lui correspond. Nous pouvons, en choisissant le moment du semis,

Semis de radis dans dix constellations différentes. Les meilleurs sont ceux semés lorsque la Lune se trouvait devant la constellation de la Vierge ou celle du Capricorne.

des soins et de la récolte, stimuler l'organe voulu en maintenant vitalité et santé de la plante. Ces forces agissent d'une manière analogue sur les populations d'abeilles (voir p. 36-37).

Tous les neuf jours environ, la Lune parvient devant une constellation zodiacale qui favorise l'influence d'un même élément (chaleur, terre, air, eau). En pratiquant les travaux du jardin (travail du sol, pulvérisations biodynamiques, etc.) en suivant ce rythme, nous renouvelons l'impulsion donnée le jour du semis. Chaque impulsion agit sur une durée de 2 à 4 jours, le temps que la Lune traverse la constellation correspondante.

Comment repérer ce rythme dans le Calendrier des semis ?

Dans les tableaux mensuels de l'agenda, ce rythme est mentionné dans la troisième colonne des données astronomiques, juste à gauche des indications pour les différents jours. Dans l'exemple ci-dessous la Lune quitte la constellation du Scorpion ♏ le mardi 24 puis traverse une zone de transition entre deux constellations et entre définitivement dans le Sagittaire ♐ à 21 h.

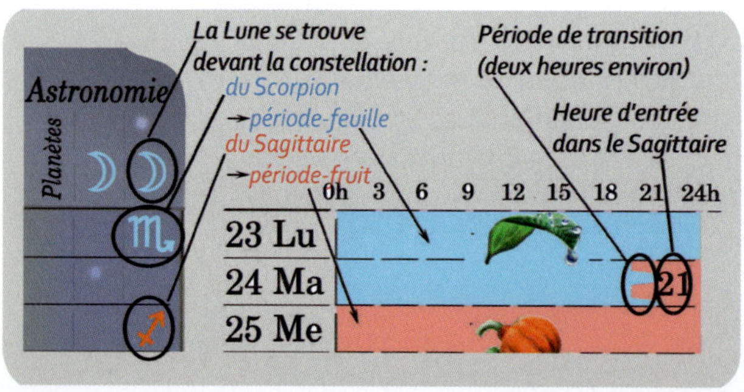

Le Soleil sidéral

Comprendre ce rythme

Le rythme sidéral du Soleil dure 365,25 jours. En effectuant sa rotation autour de la Terre, le Soleil passe devant les 12 constellations du zodiaque (comme le fait la Lune en 27 jours). Le rythme sidéral correspond à la période qui sépare deux passages successifs du Soleil devant la même étoile (d'où l'adjectif sidéral) du zodiaque. Voir aussi les schémas et les textes des pages 12 à 14.

Les conséquences pratiques de ce rythme

Les plantes cultivées ont un lien avec le Soleil sidéral. Jadis, dans la région du centre de l'Allemagne où vivait Maria Thun, on savait que **l'avoine et la féverole** ont la meilleure croissance quand on les sème déjà pendant la deuxième quinzaine de février ou la première quinzaine de mars. C'est le moment où le Soleil se trouve devant la constellation du Verseau ♒. Si l'on ne sème les féveroles que lorsque le Soleil entre dans la constellation des Poissons, elles risquent d'être attaquées par les pucerons et l'avoine subira des attaques de maladies cryptogamiques. Naturellement, il faut aussi tenir compte de la position de la Lune.

Maria Thun observe des relations similaires avec le Soleil sidéral chez les variétés tardives de **carottes**. Semées en Soleil devant la constellation des Poissons, elles forment un feuillage vigoureux et la partie de la racine sortant du sol a tendance à verdir. Ces deux phénomènes nuisent à la formation de l'arôme. Semées en Soleil devant le Capricorne, les carottes ont une croissance affaiblie et les adventices ne tarderont pas à les envahir. Mais si on les sème en Soleil devant le Taureau, la croissance démarre rapidement et la carotte arrive à maturité à l'automne. Le Soleil devant la Vierge favorise la formation du sucre et amène les protéines à maturité.

Le **colza d'hiver** se développe mieux quand on le sème en Soleil devant le Lion ♌, avec la Lune devant le Bélier ♈ ou le Sagittaire ♐. Les **plantes oléagineuses** à semer au printemps profitent bien d'un semis en Soleil devant le Bélier ♈. Pour une bonne croissance, ces plantes préfèrent la période pendant laquelle le Soleil passe devant une constellation de chaleur. La Lune devrait alors se trouver devant une autre constellation de chaleur que le Soleil. Pour les autres soins et la formation de l'huile, elles ont besoin des impulsions de lumière de la Lune et des autres planètes.

L'épinard et la salade sont des plantes-feuille. Ces plantes se développent particulièrement bien si on les sème un jour où non seulement la Lune mais aussi le Soleil se situent devant une constellation favorisant les feuilles. Cependant le Soleil et la Lune ne devraient pas être devant la même constellation d'eau mais en trigone ; par exemple le Soleil devant les Poissons et la Lune devant le Cancer ou le Scorpion. Par contre, pour récolter les semences de ces plantes, il faudrait, après le plein développement des feuilles, poursuivre les soins des porte-graines en jour-fruit.

Nous pouvons nous attendre à une excellente récolte en semant les plantes-feuille tardives, comme la salade et les épinards en Soleil devant le Cancer. Il faut alors choisir la Lune devant les Poissons ou le Scorpion.

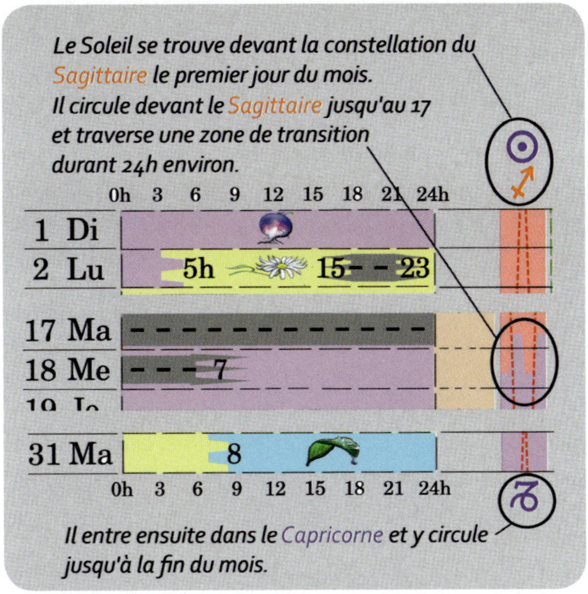

Comment repérer ce rythme dans le Calendrier des semis ?

Dans les tableaux mensuels de l'agenda, ce rythme est mentionné sous le symbole du Soleil ☉ à droite des indications des périodes-racine, fleur, feuille ou fruit. Dans l'exemple ci-dessus, le Soleil se trouve devant le Sagittaire ♐ jusqu'au 17 en milieu de journée, puis il traverse une zone de transition entre deux constellations et entre définitivement dans le Capricorne ♑ le 18 en fin de journée.

Les planètes sidérales

Comprendre ces rythmes

Du point de vue de la Terre, l'ensemble des planètes se déplacent autour de la Terre et passent successivement devant les douze constellations du zodiaque. Les planètes les plus proches de la Terre effectuent leur rotation sidérale le plus rapidement. Vu de la Terre, Mercure par exemple prend environ un an pour traverser les douze constellations et retrouver la même étoile. Les planètes les plus lointaines se déplacent beaucoup moins vite. Saturne par exemple met 30 ans pour effectuer sa révolution sidérale. Du fait de leurs rétrogradations et de la variation de leur éloignement à la Terre, les planètes présentent des vitesses apparentes irrégulières. Le temps mis par une planète pour parcourir le zodiaque n'est donc pas exactement le même à chaque révolution de la planète autour de la Terre. Le phénomène de rétrogradation est expliqué page 43. *À noter que le rythme sidéral donné généralement correspond à la période de révolution de la planète autour du Soleil (système héliocentrique).*

Les conséquences pratiques de ce rythme

Tout comme la Lune, les planètes transmettent à la Terre la qualité de l'élément lié à la constellation devant laquelle elles se positionnent. L'influence des planètes est cependant beaucoup moins forte que celle de la Lune et elles ne conditionnent donc pas les périodes-racine, fleur, feuille ou fruit, sauf lorsqu'elles présentent des configurations particulières (voir page 27 et suivantes). Cependant, leur passage devant une constellation étant plus durable que celui de la Lune et plusieurs planètes pouvant se trouver simultanément devant des constellations liées au même élément, le rythme sidéral des planètes peut avoir une grande influence sur la météorologie, comme expliqué à partir de la page 40.

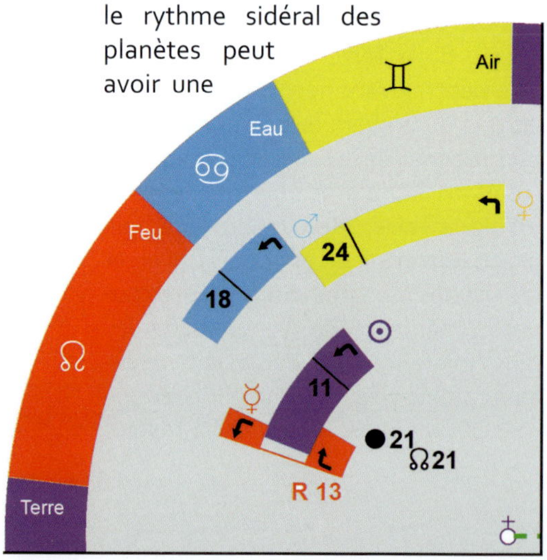

Comment repérer ce rythme dans le Calendrier des semis ?

Le rythme sidéral des planètes est illustré chaque mois par les cartes géocentriques sur lesquelles est représenté le « trajet » parcouru par chacune des planètes devant les constellations du zodiaque. L'image précédente présente un quart de la carte géocentrique d'août 2017. Nous pouvons lire que Mars ♂ se trouve en début de mois devant la constellation du Cancer ♋ puis passe devant le Lion ♌ le 18 et y progresse jusqu'à la fin du mois. Vénus ♀ se trouve en début de mois au tout début de la constellation des Gémeaux ♊ qu'elle traverse pour entrer dans le Cancer ♋ le 24. Mercure ☿ se trouve devant le Lion ♌ tout le mois, elle circule en sens direct en début de mois puis entame une rétrogradation (R) le 13…

La position des planètes devant les constellations est également visible dans les tableaux astronomiques mensuels. Nous pouvons lire sur l'extrait du tableau d'août 2017, ci-dessous, les mêmes informations que sur la carte géocentrique. Voir à la page 6, comment lire les tableaux astronomiques.

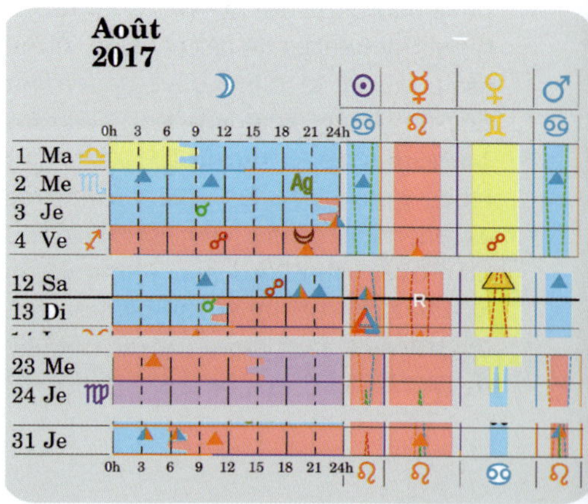

LE RYTHME TROPIQUE

Le Soleil tropique

Comprendre ce rythme

Chaque année, la végétation s'éveille au printemps, s'épanouit en été et mûrit en automne. Pendant ce temps, le Soleil fait lui aussi un mouvement ascendant entre le solstice d'hiver et le solstice d'été puis descendant du solstice d'été jusqu'au solstice d'hiver. Comme l'illustre le dessin ci-dessous, les plantes suivent sous nos latitudes le rythme tropique du Soleil : celles qui sortent au printemps restent d'abord timidement près du sol, souvent en inclinant leurs fleurs vers le bas. Elles présentent des couleurs fraîches et lumineuses : blanc, jaune et bleu. La majeure partie de ces plantes surgissent de bulbes, dans lesquels tout était prêt à l'éclosion. Puis, du jour au lendemain, les arbres et les arbustes se couvrent de fleurs qui, dans leurs bourgeons protecteurs, avaient attendu le moment propice pour s'ouvrir. En été, apparaissent des plantes aux teintes les plus diverses qui s'ouvrent franchement au Soleil et conquièrent l'espace en accumulant des substances. En automne les graines, et beaucoup de fruits et légumes mûrissent dans la chaleur emmagasinée durant l'été. Les dernières espèces végétales à fleurir présentent des couleurs plus assombries et restent à nouveau plus près du sol.

Ce sont là des phénomènes familiers à tous et qui se renouvellent tous les ans. Le Soleil domine tous les autres astres et a la plus grande influence sur la vie terrestre. Pour mieux saisir le rythme tropique du Soleil, on peut regarder l'endroit où il se lève et se couche tout au long de l'année. Il suffit d'observer le lever et le coucher à partir d'un même endroit, en prenant des repères fixes. Dans les régions tempérées, on est alors frappé par l'énorme écart entre l'endroit où le Soleil se lève et celui où il se couche au solstice d'hiver et au solstice d'été. En plein hiver, il se lève en effet près du SE et se couche près du SO, ce qui ne représente qu'un quart des 360° d'horizon autour de nous. En plein été, par contre, il se lève au NE et se couche au NO, en passant par le Sud, couvrant ainsi les trois quarts de cet horizon et s'élevant ainsi très haut dans le ciel. Seul le quart Nord de l'horizon n'est jamais touché.

Ce rythme du Soleil montant et descendant est très lié au rythme sidéral puisque tous deux s'effectuent en une année solaire (environ 365,25 jours). Lorsqu'il s'élève en direction du zénith, du solstice d'hiver au solstice d'été, le Soleil passe invariablement devant les constellations zodiacales du Sagittaire ♐ jusqu'au tout début des Gémeaux ♊. Puis, en redescendant, il passe devant les constellations des Gémeaux ♊ jusqu'au tout début

Printemps *été* *automne*

du Sagittaire ♐ (tout comme la Lune, voir les illustrations page suivante).

Ce rythme tropique du Soleil entraîne ainsi une respiration annuelle de la Terre, avec une grande expiration au printemps et en été et une grande inspiration en automne et en hiver. Cette respiration annuelle est en quelque sorte reproduite quotidiennement avec une expiration le matin, lorsque le Soleil monte dans le ciel et une inspiration l'après-midi, lorsque le Soleil est descendant.

Les conséquences pratiques de ce rythme

On comprend que le Soleil, à la belle saison, en attirant les plantes vers le cosmos stimule fortement la partie aérienne des plantes. En automne, cette aspiration vers le ciel s'inverse et la vie se tourne plutôt vers la partie souterraine des plantes et dans le sol en général. On pressent ainsi l'immense influence que le Soleil exerce sur toute la vie terrestre. Avec ce type d'observation, on peut acquérir une sensibilité pour ce que les plantes peuvent vivre tout au long des saisons et on aura plus facilement des intuitions pour ce qu'il convient de faire dans le jardin ou au champ. Par exemple, il semble alors tout à fait naturel d'épandre les fumiers où les composts à l'automne, lorsque la Terre en inspiration est mieux capable d'accueillir en elle la matière organique. Pour les arbres fruitiers, la taille, la plantation et le soin des troncs sont aussi réalisés en période de Soleil descendant, lorsque la sève se retire vers les racines. À l'opposé, nous constatons en général que les semis de printemps sont plus vigoureux que les semis d'automne, la végétation est alors réellement tirée vers le haut par la course ascendante du Soleil...

Bien entendu, la vie des animaux aussi est liée à la montée et à la descente du Soleil dans le ciel. Elle est stimulée au printemps et s'apaise en automne. Il en est de même de la vie humaine qui est différente selon les saisons. En hiver, quand tout est calme, la réflexion et l'intériorisation prévalent, alors que l'été nous attire dehors, soit par les travaux à faire, soit par le besoin de découvrir de nouveaux horizons. Toutefois, les animaux et les hommes peuvent plus ou moins s'émanciper de ce rythme, alors que la plante y est totalement soumise.

Le Lune tropique

Comprendre ce rythme

Comme le Soleil au cours de son cycle annuel, la Lune présente une période ascendante et une période descendante tous les 27,3 jours. Ce rythme correspond à la durée séparant deux positions successives de la Lune à son point le plus élevé appelé le lunistice nord. Du lunistice sud (point le plus bas dans le ciel) au lunistice nord, la Lune est montante. En comparaison à la course annuelle du Soleil, cette période ascendante est aussi appelée printemps lunaire. Du lunistice nord au lunistice sud, elle est descendante (période de plantation ou automne lunaire). Ainsi, tout comme le Soleil, la Lune arrive à sa position la plus basse devant la constellation zodiacale du Sagittaire ♐. À partir de là, elle devient ascendante et décrit dans le ciel un arc de cercle chaque jour plus grand et plus élevé. De ce fait, l'emplacement de son lever se décale progressivement vers le nord-est et l'emplacement de son coucher vers le nord-ouest.

Lune montante

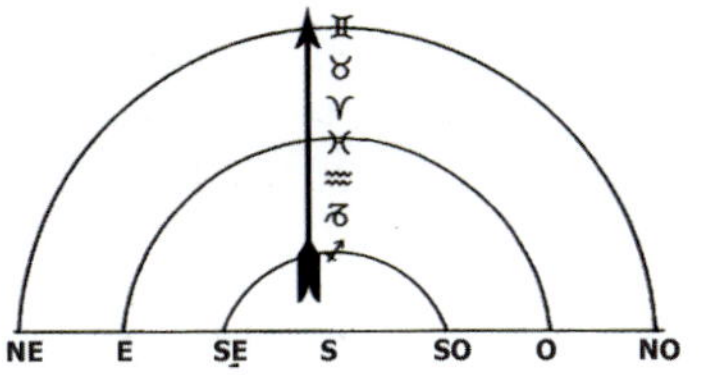

Lune ascendante (montante) ou printemps lunaire.

Une fois parvenue au point le plus élevé de sa trajectoire mensuelle, devant la constellation des Gémeaux ♊, la Lune devient descendante (période de plantation). Ses arcs de cercle deviennent chaque jour plus bas dans le ciel; les emplacements de lever se décalent vers le Sud-Est et les emplacements de coucher, vers le Sud-Ouest.

Lune descendante

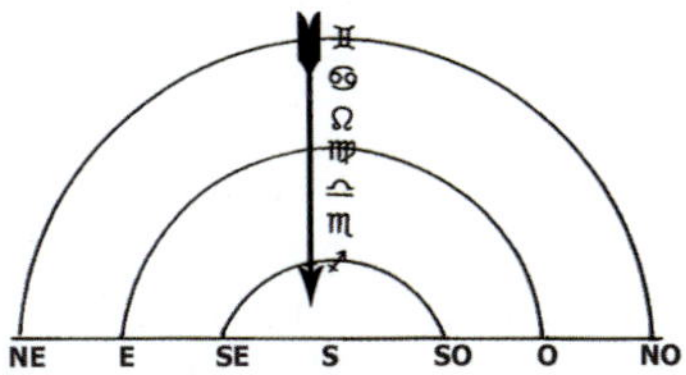

Lune descendante ou automne lunaire (période de plantation).

Les conséquences pratiques de ce rythme

Durant la période de Lune ascendante, la montée de sève est plus forte et la plante se remplit de sève et de forces dans ses parties aériennes. Cette période est favorable pour couper les greffons. Couplée à une période-fruit ou fleur selon la culture, on bénéficiera des influences les plus favorables. Les fruits récoltés en Lune ascendante (et en période-fruit) restent plus longtemps frais et juteux. La période de Lune ascendante est également favorable pour couper les arbres de Noël qui conserveront leurs aiguilles plus longtemps: coupés en jour-fleur, leur odeur sera renforcée. En combinant à ce rythme le rythme journalier de respiration de la Terre, c'est-à-dire en effectuant ces travaux le matin, on accroît encore l'influence bénéfique.

Durant la période descendante, la montée de sève dans les plantes est réduite. Ce temps est donc indiqué pour la taille des arbres et des haies, l'abattage du bois d'œuvre ainsi que pour fumer les prairies, les pâturages et les vergers. Cette période descendante est aussi appelée période de plantation, car alors les plantes s'enracinent mieux et se lient rapidement à leur nouvel emplacement. Ainsi, cette période est favorable pour tout type de repiquage, de plantation et de rempotage et pour replanter les boutures prélevées en Lune ascendante.

Comment repérer ce rythme dans le Calendrier des semis ?

Dans les tableaux mensuels de l'agenda, la période de Lune descendante est indiquée par une bande brune annotée « période de plantation ». Dans l'exemple ci-dessous elle débute le lundi 3 à 9 heures et s'achève le lundi 17 à 15 h. À l'inverse, les périodes qui ne présentent pas cette bande marron sont celles de Lune ascendante.

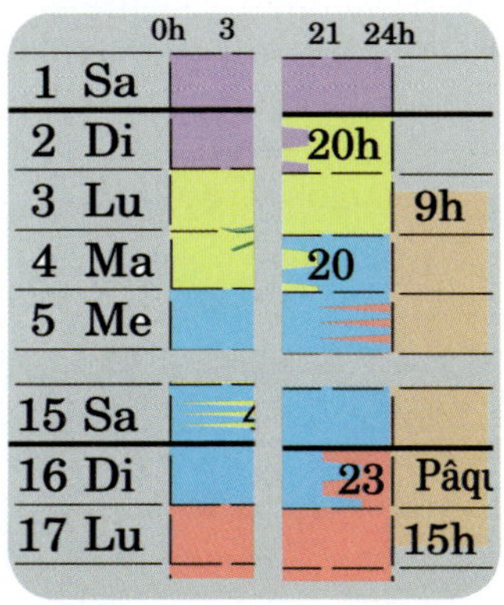

Deux fois par mois, la Lune coupe l'écliptique représenté par la ligne en pointillé. Rappelons que la Lune et les autres planètes se déplacent de jour en jour d'Ouest en Est, donc de droite à gauche si l'on regarde vers le sud (comme sur ce schéma).

LE RYTHME DRACONITIQUE

Les nœuds lunaires

Comprendre ce rythme

Deux fois par mois, la Lune coupe le plan de l'écliptique qui est le plan dans lequel le Soleil décrit sa trajectoire apparente autour de la Terre. En effet, vus de la Terre, le Soleil et la Lune gravitent dans deux plans différents formant entre eux un angle de 5°8'. La Lune traverse par conséquent deux fois le plan de l'écliptique tous les 27,2 jours : formant ainsi un nœud ascendant et un nœud descendant.

Les conséquences pratiques de ce rythme

Des semis ainsi que des plantations faits à ces moments provoquent le plus souvent des changements morphologiques chez la plante. De longues années d'essais faits sur cette question ont montré que 80 % des dates de nœud provoquent des inhibitions de la croissance, si bien qu'il paraît sage d'éviter ces dates pour les travaux agricoles.

Comment repérer ce rythme dans le Calendrier des semis ?

Dans les tableaux mensuels de l'agenda, les nœuds lunaires sont marqués par leurs symboles ☋ (nœud descendant) et ☊ (nœud ascendant) dans la première colonne de la Lune des données astronomiques. Ils entraînent une période défavorable notée par une bande grisée qui se superpose aux autres indications. Dans l'exemple précédent, un nœud lunaire descendant a lieu le lundi 2 et entraîne une période défavorable entre 15 h et 23 h.

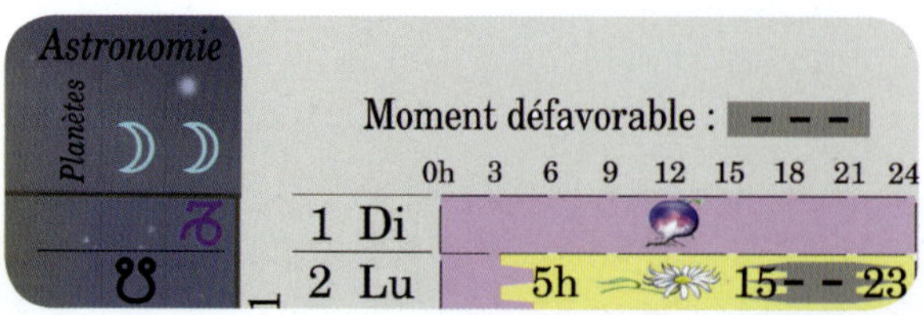

Les nœuds planétaires

Comprendre ce rythme

Toutes les planètes coupent également le plan de l'écliptique deux fois durant leur révolution autour du Soleil et forment ainsi des nœuds planétaires. Mercure et Vénus, planètes proches du Soleil forment bien plus de nœuds que les planètes plus lointaines. Mercure traverse par exemple deux fois le plan de l'écliptique tous les 88 jours environ.

Les conséquences pratiques de ce rythme

À maintes reprises, Maria Thun a constaté de fortes perturbations des plantes semées à des dates où Mercure, Vénus ou Mars croisent l'écliptique. Les résultats ne sont pas tous observables dès la première année, mais si on observe la faculté de conservation des produits, on voit que ceux-ci sont de mauvaise qualité et s'abîment vite. Soulignons encore une fois que cette perturbation des forces cosmiques se manifeste par l'intermédiaire du travail du sol, du semis et des divers soins culturaux.

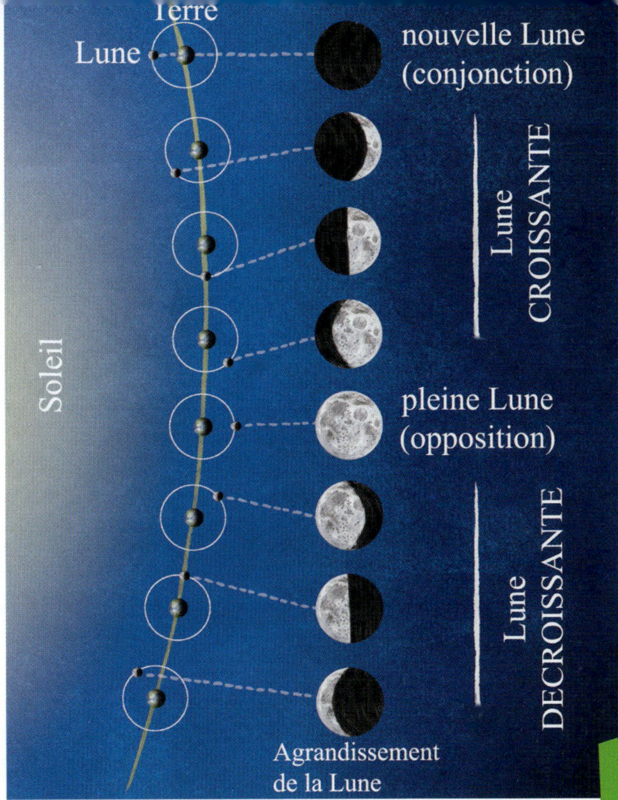

LES AUTRES RYTHMES LUNAIRES

Le rythme synodique

Comprendre ce rythme

Ce rythme est, parmi les nombreux rythmes lunaires, le plus connu et le plus facilement observable. Il s'agit du rythme de la Lune croissante et décroissante qui dure 29,5 jours environ. D'une nouvelle Lune à la suivante, la Lune est croissante pendant 15 jours (son croissant grossit jusqu'à la pleine Lune), puis décroissante pendant les 15 jours suivants. Ces phases résultent des positions relatives de la Lune et du Soleil par rapport à nous, observateurs terrestres. Nous formons ainsi avec la Lune et le Soleil un triangle qui se modifie de jour en jour (voir illustration ci-contre). À certains moments, le Soleil, opposé à la Lune par rapport à la Terre, l'éclaire en pleine face : c'est la pleine Lune. À d'autres moments, il est en conjonction avec la Lune, c'est-à-dire qu'il se trouve derrière la Lune vu de la Terre. La Lune est alors totalement invisible : c'est la nouvelle Lune.

Les conséquences pratiques de ce rythme

Selon les travaux de Maria Thun, ce rythme a peu d'influence sur les plantes cultivées. Cependant, dans le *Cours aux agriculteurs*, Rudolf Steiner insiste beaucoup sur le lien entre la force de croissance des plantes et la pleine Lune. Le chercheur Hartmut Spiess de l'Institut de recherche biodynamique de Darmstadt, a ainsi montré que les semis effectués de 5 à 2 jours avant la pleine Lune présentent une levée rapide et un bon développement. Cependant les plantes sensibles aux maladies cryptogamiques pourraient être fragilisées par des semis durant cette période. En effet les jours précédant la pleine Lune favorisent le développement des limaces et surtout des maladies cryptogamiques, raison pour laquelle les traitements anti-cryptogamiques, la décoction de prêle notamment, devraient être réalisés dans la période précédant la pleine Lune.

Comment repérer ce rythme dans le Calendrier des semis ?

Dans les tableaux mensuels de l'agenda, ce rythme est mentionné à droite par les symboles de la nouvelle Lune (●) et de la pleine Lune (○) et par le triangle croissant ou décroissant qui les relie (voir la partie de droite du schéma ci-dessus).

Le rythme anomalistique

Comprendre ce rythme

Ce rythme est marqué par les apogées et périgées de la Lune, sa durée est d'environ 27,55 jours. La Lune, dans

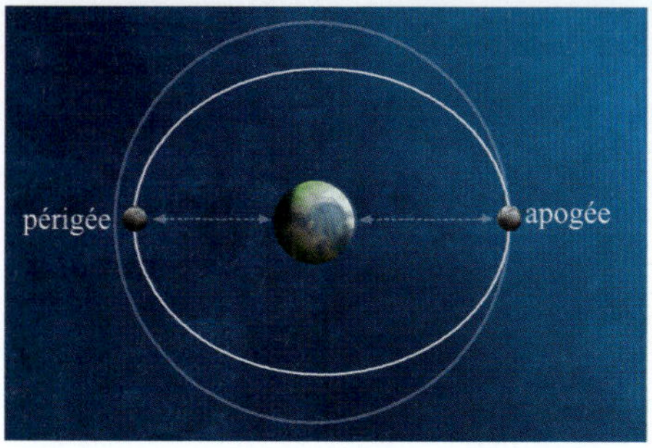

sa rotation mensuelle autour de la Terre, ne décrit pas un cercle mais une ellipse. Au moment de son périgée elle passe au plus près de la Terre (à environ 360 000 km) et, 14 jours plus tard, elle passe au point le plus éloigné de la Terre, à son apogée (à environ 406 000 km).

Les conséquences pratiques de ce rythme

Quand la Lune est au plus loin de la Terre au cours de sa rotation mensuelle (apogée), on peut comparer son action sur la croissance des plantes à celle des moments de l'année où le Soleil est en apogée par rapport à la Terre. C'est le temps de la Saint-Jean. Les plantes ont tendance à monter en graines, à se dévitaliser. Ainsi, l'effet de l'apogée peut être favorable sur les plantes à graines alimentaires. Il est nettement nuisible sur les légumes-feuille. Les légumes-racine, tels que la carotte, se lignifient alors facilement. La seule plante cultivée qui réagisse relativement bien à ce moment est la pomme de terre.

Le périgée de la Lune, que nous pourrions comparer à la situation de plein hiver, où la Terre est la plus proche du Soleil, a un tout autre effet. Lorsque, le jour du périgée nous façonnons une planche pour un semis et l'ensemençons, les graines germent mal. Les plantes qui lèvent ont, pour la plupart, des arrêts de croissance et tendent fortement à être envahies par des champignons ou d'autres parasites. En ressemant les graines issues de ces plantes, nous constatons un pouvoir germinatif défaillant.

La plante se développe dans une structuration harmonieuse entre la Terre et le Soleil. Avec son appareil radiculaire, elle étreint son patrimoine terrestre. Avec ses parties aériennes, elle s'adonne au Soleil. Cette harmonie peut être perturbée par les forces du périgée et de l'apogée. Les plantes semées à l'apogée sont comme arrachées à leur amour de la terre. Les plantes semées au périgée ne réussissent pas à s'intégrer correctement dans l'impulsion solaire qu'elles reçoivent.

Les indications ci-dessus sont celles de Maria Thun basées sur ses propres recherches. Par contre, le chercheur Hartmut Spiess a effectué des essais sur la ferme du Dottenfelderhof près de Francfort montrant souvent des effets positifs des semis en périgée sur les rendements quantitatifs (essais avec des radis, carottes et plantation de pommes de terre). Nous vous incitons à faire des essais vous-mêmes pour voir l'effet du périgée dans votre jardin ou sur votre domaine.

Comment repérer ce rythme dans le Calendrier des semis ?

Dans les tableaux mensuels de l'agenda, les apogées sont marqués par les lettres **Ag** et les périgées par les lettres **Pg**, dans la première colonne de la Lune des données astronomiques. Les périgées entraînent une période défavorable notée par une bande grisée qui se superpose aux autres indications. L'effet négatif du périgée étant discuté, cette bande grisée est plus fine que celle correspondante aux nœuds ou autres configurations particulièrement défavorables. Les apogées entraînent des périodes assez semblables aux périodes-fleur, ils sont donc marqués par une bande jaune qui se superpose aux autres indications. Dans l'exemple ci-contre, l'apogée a lieu le samedi 15 et entraîne une « période-fleur » s'étalant de 4 h à 16 h. Le périgée a lieu le jeudi 27 et entraîne une période « défavorable » s'étalant de 6 h à 6 h le lendemain.

LES CONFIGURATIONS PARTICULIÈRES ENTRE PLANÈTES (ASPECTS)

Les oppositions

Comprendre cet aspect

Deux planètes, vues de la Terre, forment un angle de 180°, c'est-à-dire qu'elles se situent de part et d'autre de la Terre. À noter que la Terre ne se situe pas sur la même ligne que les planètes, sauf dans le cas des éclipses de Lune.

Vue de dessus.

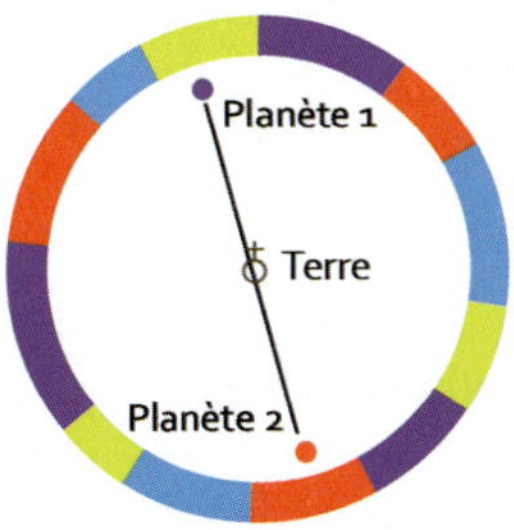

Vue de côté.

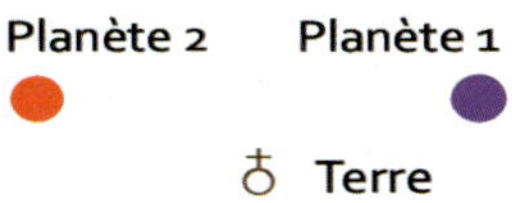

Les conséquences pratiques de cet aspect

Les oppositions ont tendance à favoriser la montée à graine des plantes. Cet effet est particulièrement marqué lorsqu'une opposition a lieu entre deux des 6 planètes proches (à l'exclusion de Uranus, Neptune et Pluton) l'une d'elle se trouvant devant une constellation de feu et l'autre devant une constellation d'air-lumière.

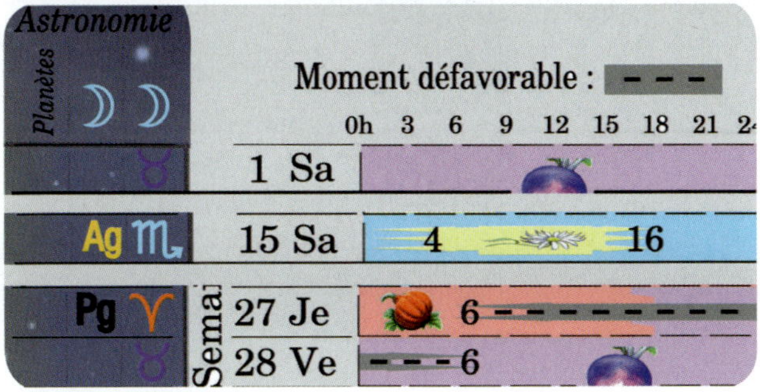

Les effets des oppositions sont également très sensibles sur la météo (voir page 44).

Comment repérer cet aspect dans le Calendrier des semis ?

Dans les tableaux mensuels de l'agenda, les oppositions dont l'effet est sensible sur les plantes cultivées sont indiquées par leur symbole dans la colonne «astronomie» et la période correspondante est indiquée comme période-fruit (exemple ci-dessous).

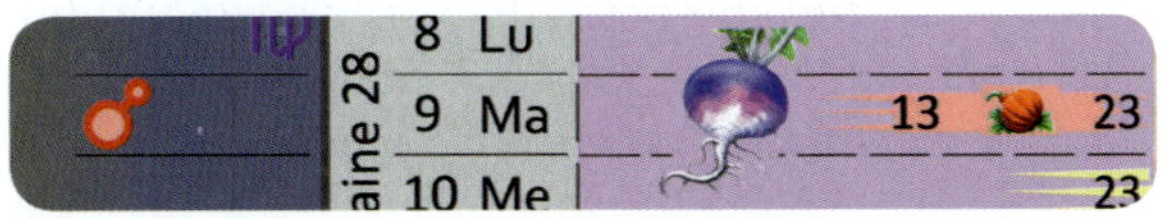

Dans les tableaux astronomiques, les oppositions entre la Lune et une planète sont indiquées par des petits symboles d'opposition. Les oppositions entre deux planètes, dont les effets sur la météo (voir p. 44) sont beaucoup plus importants, sont indiquées par de plus grands symboles. Dans l'exemple en bas de page, une « grande » opposition entre le Soleil ☉ et Pluton ♇ a lieu le lundi 10 en début de journée, une « petite » opposition entre la Lune ☽ et Mars ♂ a lieu le dimanche 9 vers 18 h et une pleine Lune (opposition entre la Lune ☽ et le Soleil ☉) a lieu le même jour à 6 h.

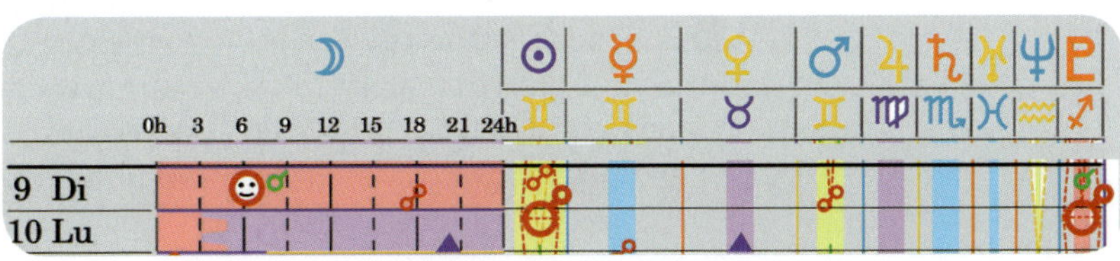

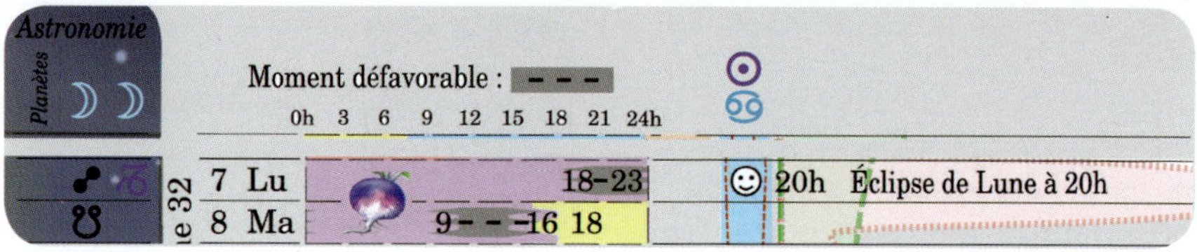

Les éclipses de Lune

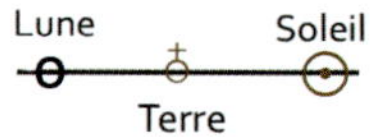

Lorsque qu'une opposition de la Lune et du Soleil (pleine Lune) se conjugue à un nœud lunaire, les trois astres sont alignés sur le plan de l'écliptique et l'ombre de la Terre est projetée sur la Lune qui s'éclipse alors. Cette configuration particulière est signalée dans les pages mensuelles de l'agenda par le symbole éclipse ☍ dans la première colonne de la Lune des données astronomiques ainsi que par une mention écrite précisant l'heure exacte de l'éclipse. Les éclipses de Lune entraînent une période défavorable notée par une bande grisée qui se superpose aux autres indications. Dans l'exemple ci-dessus, l'éclipse de Lune à lieu le lundi 7 à 20 h et entraîne une période défavorable débutant à 18 h et s'achevant à 23 h. Le nœud lunaire n'ayant lieu que le lendemain à 12 h, il s'agit d'une éclipse partielle.

Les conjonctions

Comprendre cet aspect

Deux planètes, vues de la Terre, forment un angle de 0°, c'est-à-dire qu'elles sont alignées, la Terre se situant « à l'extérieur » des planètes. À noter que la Terre ne se situe pas sur le même axe que les planètes, sauf dans le cas des occultations.

Vue de dessus.

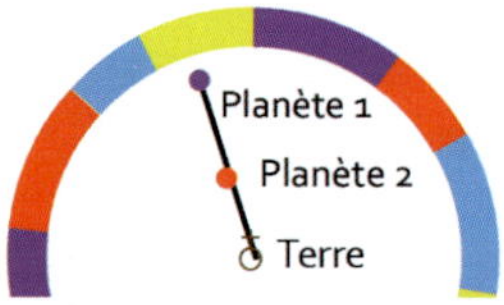

Vue du côté.

Les conséquences pratiques de cet aspect

Les conjonctions n'ont pas d'influence majeure sur les plantes cultivées, leur effet est cependant sensible sur la météo (voir page 44).

Comment repérer cet aspect dans le Calendrier des semis ?

Dans les tableaux astronomiques, les conjonctions entre la Lune et une planète sont indiquées par des petits symboles de conjonction ☌. Les conjonctions entre deux planètes, dont les effets sur la météo (voir p. 44) sont beaucoup plus importants, sont indiquées par de plus grands symboles. Dans l'exemple en haut de la page suivante, une « grande » conjonction entre Mercure ☿ et le Soleil ☉ a lieu en tout début de la journée du 13, une « petite » conjonction entre la Lune ☽ et Mars ♂ a lieu le 13 vers 20 h.

Les occultations

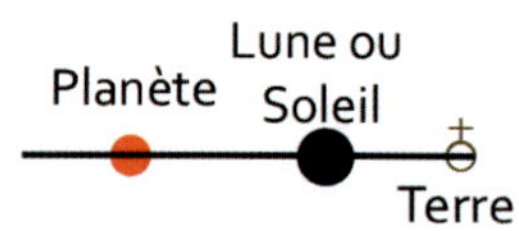

Lorsque le Soleil ou la Lune entre en conjonction avec une autre planète, celle-ci peut être occultée. Vue de la Terre, la planète est alors cachée derrière le Soleil ou la Lune. À noter qu'une éclipse de Soleil est une occultation du Soleil par la Lune. Ces configurations particulières sont signalées dans les pages mensuelles de l'agenda par le symbole de conjonction ☌ dans la colonne « planètes » des données astronomiques. Dans le cas particulier des éclipses de Soleil une mention écrite précisant l'heure exacte de l'éclipse apparaît également. Les occultations entraînent une période

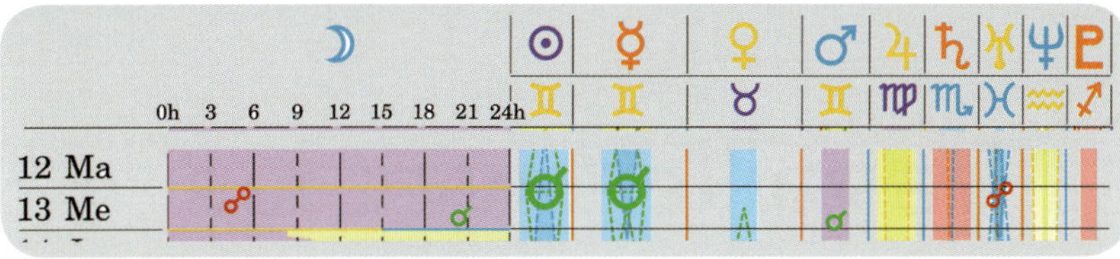

défavorable notée par une bande grisée qui se superpose aux autres indications. Dans l'exemple ci-dessous deux occultations ont lieu successivement, entraînant des périodes défavorables débutant respectivement le 18 à 0 h et 19 h et s'achevant à 5 h et 24 h. Pour savoir quelles sont les planètes concernées, il faut se reporter au tableau astronomique correspondant.

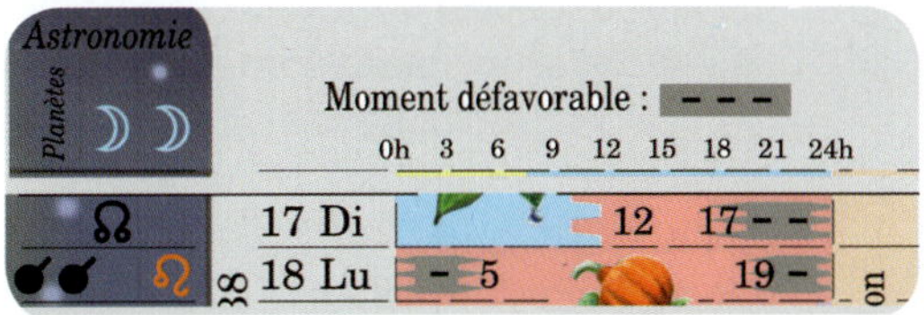

Les trigones

Comprendre cet aspect

Deux planètes forment avec la Terre un angle de 120°.

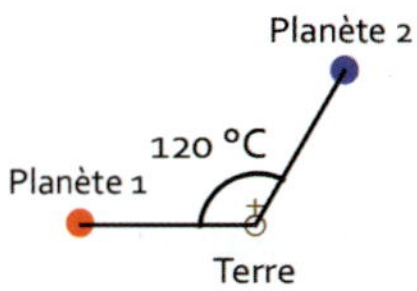

Les conséquences pratiques de cet aspect

Dans cette configuration, au vu de la répartition des constellations, les deux planètes se trouvent la plupart du temps devant deux constellations liées au même élément. L'influence de cet élément devient alors dominante par rapport à celle de la Lune sidérale. La période-racine, fleur, feuille ou fruit habituellement liée à la Lune sidérale est alors remplacée par la période-racine, fleur, feuille ou fruit correspondant à l'élément des constellations devant lesquelles se trouvent les planètes.

Comment repérer cet aspect dans le Calendrier des semis ?

Dans les tableaux mensuels de l'agenda, les trigones sont marqués par leur symbole △ dans la colonne « planètes » des données astronomiques. La couleur du symbole △ indique l'élément stimulé. L'influence du trigone étant supérieure à celle de la Lune, une bande de la couleur de cet élément se superpose à la période-racine, fleur, feuille ou fruit liée à la Lune sidérale. Dans l'exemple ci-dessous, l'influence du trigone d'eau remplace la période-fruit par une période-feuille entre 9 h et 23 h.

Pour savoir quelles planètes entrent en jeu dans ce trigone, il faut se reporter au tableau astronomique correspondant.

Les radis se cultivent en période-racine, un trigone-Terre est particulièrement favorable..

Travailler avec les rythmes cosmiques

AU JARDIN

Semis. La date de semis est le moment où nous confions la semence à la terre pour la germination de la plante. Le lit de semence doit être soigneusement préparé. La date de semis sera choisie en fonction de l'organe végétal que l'on souhaite récolter. Le tableau en pages 46-47 indique les périodes de semis conseillées, toute plante appartenant à une des quatre catégories : plante-racine, plante-feuille, plante-fleur ou plante-fruit. Le rythme tropique influence peu les semis. Ceux-ci peuvent donc être faits en Lune montante ou descendante.

Plantation-repiquage. La bande brune dans les tableaux mensuels de l'agenda indique la période de plantation. Elle correspond à la descente de la Lune dans le ciel, allant de sa position la plus élevée à sa position la plus basse. Chez une plante, ce mouvement descendant favorise la formation de racines. Étant davantage orientée vers la terre, elle souffre moins des perturbations provoquées par une transplantation. La montée de sève est alors également réduite et la sève s'écoule moins, raison pour laquelle on choisit cette période pour tailler les haies, les arbres fruitiers et les pieds de vigne. C'est aussi une période favorable pour enfouir les engrais verts.

Voici quelques exemples de dates à choisir : on sème de la salade en période-feuille, quand la Lune se trouve devant la constellation des Poissons ♓. Environ cinq semaines plus tard, quand les plants sont bons à être repiqués, on choisit une période-feuille lors de la période de plantation pour installer la salade à son emplacement définitif, par exemple quand la Lune se trouve devant le Cancer ♋. On procédera de la même façon pour la tomate qui sera semée en période-fruit et repiquée également en période-fruit, quand la Lune se situe par exemple devant le Lion ♌. Pour le céleri, cette plante-racine, on effectue les travaux en période-racine, par exemple quand la Lune passe devant la Vierge ♍.

Binage-Sarclage. Le binage a pour buts d'aérer le sol, de limiter l'évapo-transpiration et d'éliminer les plantes adventices. Il renforce aussi l'impulsion donnée lors du semis en période favorable, comme de nombreux essais comparatifs ont pu le montrer. Chaque fois que le sol arable est travaillé, ne serait-ce que sur 3 cm de profondeur, l'impulsion cosmique du moment agit. Si nous choisissons par exemple une période-feuille chaque fois qu'on sarcle une salade, elle sera bien plus belle que si nous le faisons sous d'autres impulsions. Une carotte aussi poussera mieux et aura une forme plus harmonieuse si le semis et les sarclages ont été faits en période-racine. Les tomates, les concombres et les haricots, semés et sarclés en période-fruit, nous récompenseront par une plus riche production.

Récolte. Pour la consommation

immédiate, on a l'habitude de récolter les légumes du jardin le plus frais possible, au plus près de l'heure du repas. On peut cependant constater qu'une salade coupée tôt le matin sera plus croquante et aura meilleur goût au déjeuner que si elle a été récoltée immédiatement avant, vers midi.
Pour la conservation des légumes pour l'hiver, il est conseillé de faire la récolte dans le respect des rythmes cosmiques. Nos longues années d'expériences comparatives ont toujours révélé que les légumes-racine, récoltés en période-racine restaient plus longtemps frais, et que les fruits se conservaient mieux quand on les cueillait en période-fruit. Les fleurs, mais aussi les feuilles des plantes aromatiques, cueillies en période-fleur, développeront mieux leurs arômes et conserveront plus longtemps l'éclat de leurs couleurs. Le choux d'hiver fait exception, sa conservation sera meilleure s'il est récolté lors d'une période-fruit ou fleur. Les semences provenant de céréales moissonnées en période-fruit donneront des plantes plus saines. Si les céréales pour la semence sont moissonnées à des dates défavorables, des maladies cryptogamiques risquent d'apparaître l'année suivante. Bien des fois nous avons pu constater que les oignons se conservent mieux et peuvent être consommés jusqu'à la récolte suivante quand on les a plantés, semés et récoltés en période-racine.

Les engrais verts doivent impérativement être incorporés au sol en période de plantation (Lune descendante). À ce moment, les micro-organismes décomposeurs sont davantage actifs. Le semis peut être réalsé en période-feuille ou racine.

L'oignon se « cultive » en période-racine et la plantation des bulbilles a lieu en «période de plantation».

Production de semences. Un jardinier produisant ses propres semences doit savoir que les graines d'une salade porte-graines ne donneront des salades bien pommées que si elles ont été obtenues à partir d'une salade, elle-même déjà bien pommée. Il en est de même pour le radis qui doit avoir développé une belle racine, avant de monter en graine. Plus généralement, une plante-mère ne produira de bonnes graines que si l'organe végétal qu'on veut favoriser a pu se développer parfaitement, ce qu'on réussit le mieux en respectant les dates de soin favorables à cet organe.
Pour la production de semence, une fois les meilleurs porte-graines sélectionnés, les soins seront effectués en période-fruit et la récolte des graines en période correspondant à l'organe de fructification (voir les pages de juillet et août dans l'agenda mensuel).

Les maladies. Les attaques cryptogamiques sont dues à des champignons (cryptogames), dont la fonction dans la nature est de décomposer les matières organiques issues du vivant et se trouvant en voie de dépérissement. Le champignon n'apparaît donc que lorsque la plante est déjà malade. C'est pourquoi il est faux de parler de « maladies » cryptogamiques. Dans le *Cours aux agriculteurs*, Rudolf Steiner décrit l'apparition de ce phénomène de la façon suivante : quand les forces lunaires, porteuses de vie et agissant par l'intermédiaire de l'eau, deviennent trop importantes en raison d'un printemps très pluvieux, les forces dont la graine a besoin pour se former ne peuvent pas monter jusqu'à elle, de sorte que ce qui devrait agir en haut, s'arrête à un niveau inférieur et offre aux champignons le milieu qui leur convient.

Pour redresser une telle situation, on peut traiter le sol avec une décoction de prêle des champs (*Equisetum arvense*) qui, toute imprégnée de silice, repousse les champignons dans leur domaine d'origine. D'autres causes peuvent provoquer la prolifération des champignons, comme la présence de substances organiques insuffisamment décomposées ou d'engrais organiques d'origine animale non compostés. Il s'avère que des semences récoltées en période défavorable peuvent aussi être cause de maladies dans les plantes qui en sont issues. Quand vous brûlez des fruits atteints d'une maladie cryptogamique pour épandre les cendres sur les cultures, n'oubliez pas d'enlever au préalable les graines.

Animaux nuisibles. Il faut tout d'abord se demander pour quelle raison tel ou tel animal se comporte comme un nuisible. Il faut donc commencer par observer le comportement de l'animal en question et voir les erreurs qu'on a pu faire, afin de pouvoir les corriger. Si cet animal devient tout de même envahissant, on peut le maintenir dans des limites acceptables en incinérant sa peau, ou, dans le cas d'insectes ou de limaces, l'animal entier et en répandant les cendres obtenues. Dans l'agenda mensuel, les périodes favorables pour de telles incinérations sont indiquées mois par mois, à la page "Pratiquer la biodynamie". Ces cendres affaiblissent la reproduction des animaux, de sorte que les attaques seront régulées à partir du groupe animal lui-même et on n'aura pas besoin de recourir à des moyens de lutte biologique ou chimique. La peau de quelques animaux suffit dans le cas de souris, d'oiseaux, etc. Quant aux insectes, limaces, etc., on se procure 50 à 60 exemplaires du parasite qu'on brûle dans un poêle à feu de bois sous la position planétaire indiquée dans les pages mensuelles. Les cendres issues du bois et des animaux brûlés sont broyées pendant une heure dans un mortier, c'est une sorte de dynamisation. On fait ensuite une préparation homéopathique D8 en mettant un gramme de ce mélange de cendres dans une bouteille. On ajoute 9 g d'eau et on agite cette bouteille énergiquement pendant 3 minutes. À ce liquide, on ajoute 90 g d'eau, et on l'agite à nouveau pendant 3 minutes. On a alors une D2. Pour obtenir une D3, il faut ajouter 900 g d'eau, puis, pour une D4, 9 000 g, ce qui fait en tout 10 l d'eau. Pour simplifier le travail, on prélève 10 g de cette eau dynamisée, on y ajoute 90 g d'eau pour obtenir, après l'avoir agitée à nouveau, une D5, à laquelle on ajoute 900 g, et ainsi de suite jusqu'à la D8. Cette préparation D8 doit alors être pulvérisée aux endroits infestés trois fois à court intervalle, par exemple trois soirs de suite. Bien des personnes ont constaté l'efficacité du procédé.

Les cendres non diluées mais broyées pendant une heure peuvent aussi être répandues directement sur les parcelles atteintes. L'expérience a montré qu'en cas d'apparition massive d'animaux nuisibles, on obtient les meilleurs résultats quand on fait l'incinération au lieu même où ils apparaissent. On peut par exemple attraper les altises et les anthonomes du pommier avec un attrape-mouche et les incinérer immédiatement sur place (voir aussi p. 99).

Il est intéressant pour tout agriculteur ou tout jardinier d'observer consciemment pendant l'été la vie des animaux et des végétaux en relation avec les rythmes cosmiques.

Les tisanes de plantes. Pour les tisanes, il faut compter 10 à 50 g de plante sèche pour 1 l d'eau (10 g pour les fleurs, 50 g pour les feuilles). Verser de l'eau à peine bouillante sur les plantes et filtrer au bout d'un quart d'heure. Diluer 10 fois puis pulvériser après refroidissement. L'ortie est à mettre dans de l'eau froide qu'on conduit à l'ébullition. On fait de même pour la prêle des champs et l'écorce de chêne, mais on les fait bouillir pendant 15 minutes (décoction).

Traitement des tomates. Les tisanes d'ortie et d'écorce de chêne stimulent la croissance et la santé des tomates. L'ortie augmente la teneur en vitamine C et la teneur en sucre. La tisane de pissenlit améliore l'arôme et la tisane d'achillée millefeuille augmente le nombre de fruits.

Traitement des pommes de terre. En cas de risque de mildiou, il faut, dès l'apparition de la deuxième paire de feuilles, appliquer une première pulvérisation de tisane d'ortie lors d'une période-feuille. Il est en outre recommandé de pulvériser alternativement, le matin d'une période-racine, environ tous les 9 jours, une tisane d'achillée millefeuille, de camomille, de pissenlit et d'ortie. Ce traitement est aussi bénéfique aux pommes de terre en bonne santé.

Pulvérisation printanière de tisane d'ortie sur un jeune fruitier badigeonné à l'automne..

AU VERGER ET AU VIGNOBLE

Les arbres fruitiers. Pour les soins à donner aux vergers, aux vignobles et dans les plantations de petits fruits, à l'exception des myrtilles, il est utile de savoir que, dans l'hémisphère nord, l'année des fruits commence début novembre. C'est le moment d'épandre 10 tonnes/ha de compost bien mûr, ayant reçu les six préparations biodynamiques. Quand les arbres ont perdu leurs feuilles, on peut simultanément pulvériser sur les troncs et les branches, à trois reprises en période-fruit, le compost de bouse, enrichi de l'enduit pour les arbres, qui peut remplacer le badigeon à la chaux conseillé par le passé.

Élaboration de l'enduit pour les arbres. Dans un tonneau conique en bois, mélanger à la pelle 10 kg de bouse de vache, 10 kg d'argile, 2,5 kg de poudre de basalte, 2,5 kg de cendres de bois et 1 l de petit-lait puis dynamiser l'ensemble en le brassant pendant une heure. Cet enduit peut être conservé au frais dans un endroit sombre et utilisé pendant plusieurs semaines.

Mélange à pulvériser. On peut également, à partir de cet enduit, élaborer une préparation à pulvériser. On met une portion (environ 60 g) de compost de bouse à laquelle on ajoute 1 kg d'enduit pour 100 litres d'eau et on brasse le tout pendant 20 minutes. On laisse brièvement reposer et on filtre le liquide (par exemple à travers des bas de nylon) afin d'éviter que les buses du pulvérisateur ne se bouchent. Ce traitement sur le sol, le tronc et les grandes branches, sera répété trois fois en période-fruit, tout en travaillant le sol.

En mars, il faudrait aussi pulvériser la bouse de corne sur le sol, les troncs et les branches 3 fois en période-fruit tout en travaillant le sol.

Au printemps, après apparition des premières feuilles, on pulvérise une fois la tisane d'ortie, le soir, en période-feuille. Après la floraison et l'apparition des premières feuilles, on peut effectuer une première pulvérisation de silice, dirigée sur les feuilles, en période-fruit. Le brassage pendant une heure de cette préparation devra commencer une demi-heure avant le lever du soleil et le liquide sera pulvérisé immédiatement après.

En période-fleur, on peut aussi pulvériser, tôt le matin, une fois la tisane de fleurs de pissenlit et une fois la tisane de camomille.

En période-fruit il est bon de pulvériser, en dehors de la préparation silice de corne, de la tisane d'achillée millefeuille.

Les pulvérisations de tisanes et de silice de corne sont toujours à faire directement sur les feuilles tôt le matin. Pour effectuer la **taille d'été,** choisir des périodes-fleur ou fruit.

Pour récolter les fruits à conserver, choisir les périodes-fleur ou fruit incluses dans la période de Lune ascendante.

Après la récolte, mais avant la chute des feuilles, pulvériser une fois la préparation silice de corne lors d'une période-fruit, après 15 heures. Cette pulvérisation favorise la maturation du bois et agit préventivement contre les maladies cryptogamiques des années à venir. Toutes les tailles des haies, arbres fruitiers et vigne seront effectuées en Lune descendante (période de plantation, bande brune dans le calendrier. Voir p. 22 et 23).

AU CHAMP

Céréales. En pulvérisant la bouse de corne sur le lit de semence, on favorise la structuration du sol. Le travail du sol doit naturellement être effectué en période-fruit. Une fois la deuxième feuille développée, il est conseillé de pulvériser la préparation silice de corne trois fois de suite à 9 jours d'intervalle, toujours en période-fruit. Pour la récolte aussi, il est conseillé de respecter les dates favorables. Une date de récolte mal choisie peut en effet annuler l'effet positif résultant des interventions précédentes.

LES SOINS DES PLANTES CONDIMENTAIRES ET MÉDICINALES

Les plantes condimentaires réagissent très sensiblement à la fumure. Les fumures animales perturbent la plupart du temps la finesse de l'arôme. Les meilleures fumures sont les composts d'origine purement végétale que l'on apporte en automne et dont on peut encore améliorer l'effet par

une pulvérisation du compost de bouse. Au printemps, on pulvérise une dynamisation de bouse de corne, qu'on renouvelle encore après chaque récolte.
Les plantes purement « feuille » peuvent recevoir la pulvérisation de silice de corne en période-feuille, mais si on veut obtenir un taux élevé d'huiles essentielles, les périodes-fleur sont recommandés pour appliquer la silice de corne.
Pour la récolte des plantes-fleur (essais sur le souci), les essais ont montré que la cueillette en période-fruit stimule toujours une nouvelle formation de fleurs, mais les fleurs évoluent aussitôt vers la formation de graines. Par contre avec les cueillettes en période-feuille ou racine le développement floral cesse rapidement, tandis que la cueillette en période-fleur provoque toujours la formation de nouvelles fleurs, sans entraîner aussitôt la formation de graines. Cela stimule plus fortement le besoin de la plante de répandre pollens et parfums dans l'environnement. Nous conseillons donc les périodes-fleur pour toutes les récoltes de fleurs médicinales.

EN ÉLEVAGE

À la suite de vingt années d'observations et d'expériences sur l'effet des rythmes lunaires dans l'élevage, Jochen Ackermann, éleveur allemand de chevaux en méthode biodynamique, a établi un calendrier indiquant les dates favorables ou défavorables dans l'élevage des animaux.
En période de nœud lunaire (☊☋) et de périgée (Pg), la réceptivité des animaux à la saillie est amoindrie. Un animal sailli pendant ces périodes donnera naissance à des animaux malades ou ayant moins de vitalité.
Lors de la nouvelle Lune, l'action de la Lune est diminuée et ses forces sont négatives. La pleine Lune, tout au contraire, agit d'une façon particulièrement positive. Il en est de même pour son apogée (Ag) qui a une influence favorable. Ackermann conseille donc de surveiller tout particulièrement le comportement des animaux et leur cycle pendant les 48 h avant la pleine Lune, moment le plus favorable pour la saillie.
Quand un animal ou un être humain doit subir une intervention chirurgicale grave, une intervention au moment de la pleine Lune n'est au contraire pas conseillée, car l'écoulement de sang est renforcé durant cette période.
Hans Oswald, éleveur suisse, a pu observer comment favoriser les naissances d'un sexe par le choix de la date de saillie.
Quand la saillie a lieu de 7 à 1 jour(s) avant l'apogée lunaire, 80 % des animaux sont des femelles, alors que les 20 % environ de mâles ont une apparence femelle.
De 7 à 1 jour(s) avant le périgée lunaire par contre, une saillie donne 80 % d'animaux mâles et les 20 % de femelles révèlent une apparence mâle.

Récolte de la camomille matricaire pour la préparation biodynamique.

Le rythme sidéral influence la vie des ruches.

Les animaux conçus directement en périgée ou en apogée ont souvent des caractères négatifs.
Une saillie de 7 à 1 jour(s) avant la pleine Lune favorise la lactation. Faite directement en pleine Lune, les veaux sont gros et la mise bas est parfois difficile chez les descendants. Une saillie de 7 à 1 jour(s) avant la nouvelle Lune fait naître de bons taureaux.

EN APICULTURE

L'apiculture en biodynamie vise à s'approcher au plus des besoins de l'abeille afin de proposer aux colonies un habitat et un environnement favorables à leur prospérité. Concrètement, cela se traduit par deux points d'attention : premièrement le soin de la biodiversité dans l'environnement du rucher afin d'assurer une abondance et une diversité de ressources aux abeilles ainsi qu'aux autres pollinisateurs. Deuxièmement, l'apiculteur adaptera le plus possible ses pratiques aux besoins de la colonie. Nous pouvons retenir deux axes de travail majeurs : construction naturelle des rayons (pas de cire gaufrée) et multiplication des colonies par instinct d'essaimage (pas d'élevage ni de fécondation artificiels des reines). En complément, nous veillerons à prélever du miel uniquement en cas de surplus avéré, afin de ne pas avoir besoin de nourrir systématiquement avec du sucre. L'utilisation de tisanes de soins pour favoriser l'immunité et la vitalité pourra être pratiquée avec succès à différents moment de l'année, notamment avant l'hivernage. Dans la ruche, les abeilles s'isolent du monde extérieur en tapissant les parois d'une couche de propolis, permettant à l'organisme-ruche de constituer son individualité qui résulte d'un équilibre subtil des quatre éléments : chaleur (35-37°C), air (odeur, phéromones), eau (hygrométrie), terre (cire, propolis). Seules les butineuses assurent le lien direct avec l'environnement. Lorsque l'apiculteur est contraint d'ouvrir la ruche, l'enveloppe de propolis est brisée, exposant ainsi la colonie aux forces agissantes du cosmos. L'apiculteur peut donc favoriser de manière ciblée l'action souhaitée des forces cosmiques. À chaque intervention dans la ruche, on donne en effet l'impulsion de forces cosmiques différentes. L'apiculteur peut ainsi choisir consciemment le jour de son intervention selon les périodes favorables au développement de l'essaim, à la récolte de nectar et de pollen et aussi à leur transformation, donc à la qualité et à la quantité de la production. Pour favoriser la construction des rayons, on conseille par exemple d'intervenir en période-racine (terre). Les soins donnés en période-fleur (lumière) stimuleront la ponte et soutiendront ainsi le développement de la colonie. Ainsi, **la réalisation d'essaims artificiels à partir de cellules royales naturelles se fera préférentiellement en période-fleur**. Les interventions en

période-fruit (chaleur) favoriseront la production de miel. Les périodes-feuille (eau) sont autant défavorables aux soins qu'à la récolte et à l'extraction du miel. On évitera scrupuleusement les périodes défavorables (nœuds, éclipses...).
En vue de l'hivernage, nous recommandons des tisanes de certaines plantes qui ont fait leur preuve sur la santé des colonies depuis de nombreuses années. L'achillée millefeuille, la camomille matricaire, le pissenlit et la valériane sont utilisés en tisanes (verser de l'eau à peine bouillante sur les fleurs et faire infuser pendant 15 minutes, puis filtrer). L'ortie, la prêle des champs et l'écorce de chêne sont plongées dans l'eau froide que l'on porte à ébullition. On laisse infuser 10 minutes, puis on filtre et on ajoute cette tisane au liquide nutritif.
Trois grammes de chaque plante sèche mis dans ½ l d'eau donnent la tisane qui sera ajoutée à 100 l de sirop nutritif. Ces préparations sont particulièrement bénéfiques quand l'année se termine par une quête de miellat, peu digeste pour les abeilles.

Pour aller plus loin dans la compréhension de la vie des ruches et pratiquer une apiculture conforme à la nature des abeilles, reportez-vous au livre « Apiculture Biodynamique » aux éditions MABD.

Disponible sur notre boutique internet :
bio-dynamie.org

Constellation	Symbole	Abeille
Poissons	♓	Prép. de miel
Bélier	♈	Quête de nectar
Taureau	♉	Construction
Gémeaux	♊	Quête de pollen
Cancer	♋	Prép. de miel
Lion	♌	Quête de nectar
Vierge	♍	Construction
Balance	♎	Quête de pollen
Scorpion	♏	Prép. de miel
Sagittaire	♐	Quête de nectar
Capricorne	♑	Construction
Verseau	♒	Quête de pollen

RÉCOLTE ET CONSERVATION

Pour la récolte, le stockage et la transformation de fruits et de légumes, il est recommandé d'éviter les dates défavorables indiquées en pointillé dans le Calendrier, ainsi que les périodes-feuilles. Il en est de même pour la fabrication de jus, de gelée, de confitures, de fruits secs, de légumes lacto-fermentés et de choucroute. Le sirop épais à tartiner par exemple, obtenu par réduction, à feu doux, de jus de prunes, de cerises, de cynorrhodons, de pommes et de poires a tendance à moisir rapidement si on a récolté les fruits à des dates défavorables.
Il est également conseillé d'éviter ces dates pour cueillir des fleurs et des feuilles pour les tisanes, car leur arôme sera bien moins intense. Les moments les plus favorables pour toutes ces récoltes et préparations sont les périodes-fleur et fruit. La moisson de céréales à des moments défavorables, indiqués en pointillé, peut entraîner un développement d'ergot du seigle ou de carie du blé l'année suivante.

LA TRANSFORMATION DU LAIT

Pour fabriquer du beurre ou du fromage de qualité, il vaut mieux éviter, autant que possible, les dates indiquées par des pointillés. Le lait trait aux dates-fruit (chaleur) donne de plus grandes quantités de beurre. C'est le cas aussi pour les jours à tendance orageuse. Les jours de périgée lunaire (Pg) sont presque toujours défavorables à la transformation du lait et les yaourts ne réussissent pas. Les ferments faits maison ont tendance à se décomposer, de sorte qu'il vaut mieux en préparer des quantités doubles la veille. Les périodes-fleur et fruit conviennent le mieux, les périodes-feuille sont à éviter.

LA FABRICATION DU PAIN

Pour la fabrication du pain, les conditions sont sensiblement les mêmes. Le pain fait en période-feuille n'a pas très bon goût et est moins digeste. La pâte s'étale plus et les pains sont donc plus plats. Il est bien plus digeste quand il est fait pendant les dates les plus favorables pour la préparation et la cuisson du pain, à savoir les période-fleur et fruit. Bien entendu, les périgées (Pg), les nœuds et les éclipses sont à éviter aussi. Dans l'ouvrage *En chemin vers le pain de demain, éd. MABD*, vous trouverez des recettes de différents « pains et levains biodynamiques ».

VINIFICATION, COEFFICIENTS DE MARÉE, OPPOSITIONS ET CONJONCTIONS

Pour tous les travaux en cave et jusqu'à la mise en bouteille, les règles indiquées dans les paragraphes précédents peuvent également être respectées. Les périodes-fleur et fruit sont donc à privilégier, les périodes-feuille et défavorables (en pointillé) sont à éviter.

Selon les observations de certains vignerons et œnologues les levures seraient influencées par la valeur des coefficients de marée, c'est-à-dire par la combinaison de différents rythmes de la Lune et du Soleil (distance et alignement de ces astres par rapport à la Terre). Les moments de forts coefficients de marée favorisent la multiplication des levures, les moments de faibles coefficients affaiblissent ces micro-organismes.

Dans la pratique, si l'on veut réaliser un pied de cuve et relancer des fermentations bloquées, il est préférable d'utiliser des moments où les coefficients de marée sont élevés. À l'opposé, pour réaliser des soutirages, il est préférable d'utiliser des jours de faible coefficient de marée (les coefficients de marée peuvent être consultés sur le site *maree.info*)

Cependant, traditionnellement pour sous-tirer et clarifier le cidre, les paysans profitaient d'un temps clair et dégagé, signe de hautes pressions atmosphériques. Ces périodes, selon nos observations météorologiques, sont liées à des oppositions. De plus, pour le travail avec les rythmes cosmiques, nous supposons que les êtres vivants "inférieurs" (plantes, levures, bactéries...) sont sensibles à des influences subtiles transmises par la Lune et l'ensemble des planètes, plus qu'à des phénomènes gravimétriques issus uniquement de la Lune et du Soleil. Nous proposons donc à nos lecteurs vignerons et cidriers de faire leurs observations en supposant que les périodes riches en oppositions ☍ indiquées par les courbes roses dans les pages mensuelles de l'agenda, tranquillisent les vins et sont favorables au sous-tirage. À l'inverse, les périodes riches en conjonctions ☌ indiquées par les courbes vertes dans les pages mensuelles de l'agenda, animent les levures et sont favorables aux pieds de cuve et à la relance des fermentations. Au printemps, lorsque les nouvelles lunes (conjonctions) apportent de forts coefficients de marées, il existe une bonne corrélation entre les courbes vertes et les coefficients de marée élevés, mais à l'automne la tendance s'inverse.

À noter que pour remédier à un blocage des fermentations, l**a pulvérisation de la préparation biodynamique de valériane** a également fait ses preuves. Une dose de 5 ml de préparation de valériane dynamisée quelques minutes dans un litre d'eau est vaporisée pour saturer l'atmosphère du chai qui est maintenu totalement fermé le plus longtemps possible. Il est également possible d'ajouter quelques gouttes de valériane directement dans la cuve.

LA DÉGUSTATION DES VINS

Il apparaît que les périodes-fruit ou fleur offrent les meilleures conditions pour une dégustation de vin. Ces indications ne viennent pas de Maria Thun mais de la viticulture elle-même. En effet, de nombreux sommeliers ont fait l'expérience de variations de goût pour une même cuvée dégustée à des moments différents. Ce phénomène est si reconnu qu'au moins deux grandes chaînes de supermarchés anglais organisent leurs dégustations de vin pour les critiques exclusivement les périodes-fruit ou fleur. Contrairement à ce que l'on pourrait croire, cela est valable pour des vins issus de l'agriculture biodynamique ou biologique, comme pour des vins « conventionnels ». Cependant, certains suggèrent également que les vins âgés d'au moins 4 ou 5 ans profitent mieux des périodes-feuille. Il n'y a certes pas eu de recherche formelle à ce sujet et il y a encore beaucoup de travail à faire et de détails à découvrir, mais voici des témoignages de deux sommeliers réputés :

« Nous avons goûté 8 vins le mardi, en période-feuille, et puis, les mêmes 8 vins le jeudi, en période-fruit. Et cela a été tout à fait concluant. Ce n'est pas que le vin avait mauvais goût le mardi, mais il était beaucoup plus expressif le jeudi. Il était plus exubérant et chantant, comme si le ciel se dégageait, les nuages se disloquaient et que le vin exprimait sa nature propre. » *David Motion, sommelier à la Cave de Maida Vale, Londres.*

« Avant la dégustation, j'étais vraiment sceptique, mais la différence entre les jours était si flagrante, j'en étais abasourdi ! » *Jo Ahearne, maître de chais pour Marks et Spencer.*

Bien sûr, on ne peut pas prendre ces indications à la lettre. Chaque palais est différent, de nombreux facteurs peuvent influer sur le goût du vin et l'humeur ou les circonstances dans lesquelles se trouve le « goûteur » en font partie. Essayez et voyez si cela marche pour vous. Après tout, si l'on s'offre une bonne bouteille, on mérite le meilleur de son potentiel !

Extrait de *When wine tastes,* éditions Floris Books.

La position de la Lune le jour de la dégustation influencerait même le goût des vins.

Les rythmes cosmiques et la météorologie

Pour pouvoir utiliser le ciel dans des prévisions météorologiques, il faut arriver à relier les différentes positions planétaires à des phénomènes météorologiques. Ce chapitre développe ces relations et permet de comprendre l'origine des prévisions météorologiques mensuelles données dans la partie agenda. Il complète le tableau proposé en page 5.
Dans cet exposé, chaque fois que le mot « planète » est utilisé, il comprend aussi la Lune et le Soleil.

La dynamique des quatre éléments

Action du ciel sur la météorologie locale

Une observation journalière locale du temps, permet de constater de nombreux liens entre le microclimat et le ciel. Ainsi, tout comme il est possible de relier les quatre éléments (voir les pages 14 à 16) Terre, Eau, Air Lumière et Chaleur aux quatre parties de la plante (racine, feuille, fleur, fruit), il est possible de les relier à quatre dynamiques d'évolution du temps.

L'élément CHALEUR adoucit les moyennes saisonnières.
Cette impulsion diminue l'écart entre minima et maxima et ramène les températures à des valeurs moyennes (restant au-dessus des moyennes saisonnières). Elle peut nous apporter des nuits douces malgré des ciels clairs, des brises tièdes et enveloppantes, un fond du ciel voilé d'une brume fine comme une gaze. En janvier et février, elle peut nous réjouir et nous inquiéter par des journées printanières, mais en période de canicule elle peut faire baisser les températures. Le soir et le matin, le ciel et les nuages effilés se colorent de rose et de bleu tendre. S'il se forme davantage de nuages, leurs contours seront mal délimités, effilochés et leurs parties inférieures seront floues.
En excès, cette impulsion peut procurer une sensation d'étouffement, un temps « lourd ». Les nuages bourgeonnent alors comme des choux-fleurs dans leur partie supérieure (cumulus), leur partie inférieure souvent floue peut se plomber (nimbus). Ils forment alors de très beaux cumulonimbus. En fin de journée, ils peuvent devenir tellement gros que leur partie inférieure (les nimbus) envahit tout le ciel et un bel orage peut éclater, libérant les eaux sous forme d'averses de grosses gouttes (et même de grêle) pouvant apporter d'énormes quantités d'eau en très peu de temps et ramenant les températures à des valeurs plus proches des moyennes saisonnières.
À l'extrême, c'est le climat équatorial avec sa végétation luxuriante.

L'élément AIR-LUMIERE met l'air en mouvement, l'assèche et intensifie les contrastes. Cette impulsion rend l'air plus mobile. Tout s'anime, les feuilles bougent... Tout est variable, la vitesse du vent, son sens aussi, pou-

Des cumulus aux contours flous dans un ciel typique des influences de l'élément Feu.

vant même créer des petits tourbillons. Et dans tous ces mouvements l'air se dessèche, la rosée du petit matin disparaît vite...

En diminuant l'humidité de l'air, elle en diminue le pouvoir isolant. Les nuits se refroidissent davantage, les journées se réchauffent vite, augmentant les écarts entre minima et maxima. Si les jours sont longs, la température monte et c'est la canicule brûlante en été. Si les nuits sont longues, la température descend et c'est la brûlure des grands gels en hiver.

En diminuant l'humidité de l'air, elle diminue aussi son effet de feutrage des couleurs, apportant beaucoup plus de contrastes. Les nuages, tout en perdant de l'importance, prennent des contours très nets dans le bleu du ciel qui s'intensifie, donnant en haute atmosphère ces grands filaments très joliment dessinés (cirrus), ou plus bas ces ciels « pommelés » de petits « choux-fleurs » (altocumulus), ou encore, plus près de nous, ces « choux-fleurs » très bien dessinés, blanc-lumineux au-dessus (cumulus de beau temps). Mais si son action se prolonge, elle chasse totalement les nuages du ciel et nous prépare des aubes et des crépuscules multicolores.

À l'extrême, c'est le climat désertique de la zone subtropicale.

L'élément EAU humidifie l'air et oriente les températures dans les moyennes saisonnières.

Cette impulsion augmente l'humidité de l'air (l'air peut se mettre à « sentir l'eau ») avec toutes les conséquences que cela entraîne : rosée plus abondante et plus persistante, effet de couverture isolante plus importante limitant la montée comme la descente des températures, effet de feutrage des couleurs avec augmentation des gris plus ou moins clairs, augmentation du nombre de nuages et de leur taille avec prédominance des nuages bas, gris (stratus), parfois tellement uniformes que l'on ne peut plus voir leur sens de déplacement, parfois tellement bas que l'on se retrouve dans du brouillard dense qui peut persister toute la journée. Tous ces nuages s'accompagnent souvent d'une petite pluie fine et persistante. À l'extrême, c'est le climat tempéré océanique dans ses formes les plus humides : brouillard londonien, bruine et crachin de fin novembre en Normandie capables de se maintenir toute la journée sans interruption et n'apportant malgré tout pas plus de 8 à 12 mm d'eau en 24 heures.

L'élément TERRE rafraîchit l'air ambiant et oriente les températures en dessous des moyennes saisonnières.

Cette impulsion en rafraîchissant l'air ambiant, y favorise toutes les formes de condensation : rosée matinale encore plus abondante et encore plus persistante, plus de brumes et brouillards en fin de nuit et même possibilité d'une petite « pluie du matin »* qui cesse assez rapidement. En plein mois de juin il n'est pas rare d'entendre à la radio, les commentateurs parler alors

** Pluie du matin n'arrête pas le pèlerin.*

Un crépuscule flamboyant, typique de l'influence de l'élément Air.

de « temps de Toussaint ».

Ces brumes et brouillards de la fin de nuit, par leur effet de couverture isolante, peuvent empêcher les températures minimales journalières de descendre en dessous de la température du sol, ce qui paraît frais au printemps et en été, mais très doux en automne (au-dessus des moyennes saisonnières) tant que le sol est encore chaud.

L'hiver, toujours à cause des brouillards qui peuvent alors persister toute la journée, elle n'apporte pas de grand froid, mais elle peut favoriser la plus belle forme de condensation de l'eau : les cristaux de neige.

L'EFFET SUR LE TEMPS DES QUATRE ÉLÉMENTS DÉPEND DU LIEU ET DE SON CLIMAT

Voilà comment un habitant des Pays de la Loire décrit le temps typique de l'élément Eau : « Des nuages bien dessinés dans un ciel bleu intense, déferlent rapidement sans pour autant charger et couvrir tout le ciel. Ils peuvent donner quelques gouttes ». Or c'est exactement les mots qu'utiliserait un habitant des côtes normandes pour décrire le temps typique de l'élément Air-Lumière.

En fait, l'impulsion Eau donne ce temps quand elle agit sur un ciel sans aucun nuage, cas fréquent dans les Pays de la Loire qui sont très liés à l'élément Air-Lumière et toujours plus ou moins sous l'influence de cet élément. Alors que l'action d'une impulsion Air-Lumière donne ce même temps si elle agit sur un ciel gris d'où tombent bruine et crachin, ce que l'on peut rencontrer en Normandie, région toujours plus ou moins dominée par l'élément Eau. En fait, dans les deux cas, ce temps résulte de l'action simultanée de l'Eau et de l'Air-Lumière. De plus, chaque région a une sensibilité très différente aux diverses impulsions. Le climat de la côte normande, bien que dominé par l'élément Eau, est très vite modifié par l'élément Air-Lumière alors que les impulsions Chaleur et Terre vont peu le modifier. Sous l'impulsion Chaleur des orages pourront éclater en fin de journée à quelques dizaines de kilomètres à l'intérieur des terres, alors que le long de la côte on s'en apercevra à peine.

QU'EST-CE QUI STIMULE LA MISE EN ACTION DE CHAQUE ÉLÉMENT ?

La qualité de cette stimulation dépend des constellations. Chaque fois qu'une planète séjourne devant une constellation, l'élément auquel cette constellation est liée se trouve activé (voir le tableau page 17). Mais l'amplitude de son action ne dépend pas de la constellation, elle dépend des planètes qui y séjournent : leur nombre, leur qualité propre, leur lien avec la constellation, mais aussi leur position les unes par rapport aux autres.

L'AMPLITUDE DE CETTE STIMULATION DÉPEND DE LA DISTANCE DE LA PLANÈTE À LA TERRE

La Lune est de loin la plus active. C'est la constellation où elle se trouve qui régit en grande partie la météo (tout comme les jours de semis).
Ensuite le Soleil est actif très régulièrement tout au long de l'année, de constellation en constellation.
Mars, Jupiter et Saturne le sont un peu moins.
L'action d'Uranus, de Neptune et de Pluton n'est vraiment visible que s'ils sont soutenus par des aspects particuliers avec d'autres planètes.
L'action de Mercure et de Vénus est plus complexe (voir schéma 1).
Quand, dans leur rotation autour du Soleil, elles sont au-delà de celui-ci vu de la Terre (au-delà de la position 1), elles progressent dans le même sens que lui (sens direct : du Bélier ♈ au Taureau ♉, aux Gémeaux ♊, etc.). Elles atteignent le maximum de leur distance à la Terre au moment où elles passent derrière le Soleil (conjonction supérieure) (position 2). Leur niveau d'action est alors semblable à celui de Mars, Jupiter et Saturne.
Par contre quand, en poursuivant leur rotation autour du Soleil, elles atteignent, vues de la Terre, leur écart maximum au Soleil (position 3), elles repartent dans l'autre sens : c'est la **rétrogradation** et elles passent devant le Soleil (conjonction inférieure) (position 4), elles sont alors à leur distance minimum à la Terre. Pendant leur rétrogradation, leur niveau d'action sur la météo est nettement supérieur à celui du Soleil.
Pour les planètes plus lentes (Mars, Jupiter et les autres) (voir schéma 2) la phase de rétrogradation a lieu quand la Terre, dans sa rotation autour du Soleil, passe entre la planète et le Soleil et la dépasse (provoquant, vu de la Terre, ce mouvement de recul). C'est donc également la période où la distance de la planète à la Terre est minimum (de la position 1 à la position 3). Cette distance atteint son minimum à la position 2 : moment où, vus de la Terre, le Soleil et la planète sont opposés ; elle est maximum à la position 4 : moment où, vus de la Terre, le Soleil et la planète sont alignés, donc en conjonction. L'action de ces rétrogradations sur la météo n'est vraiment sensible que pour Mars qui est alors très proche de la Terre.

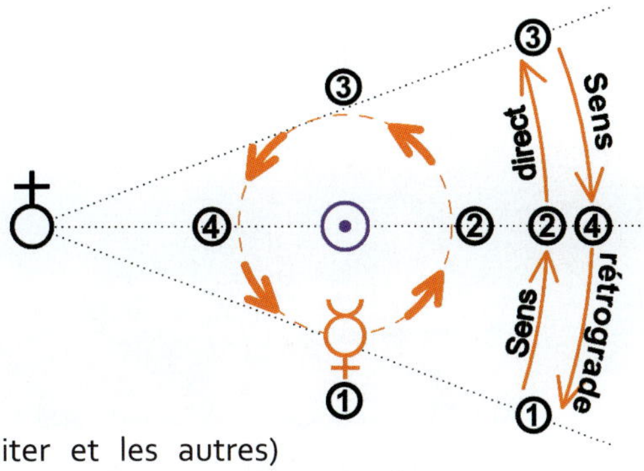

Schéma 1

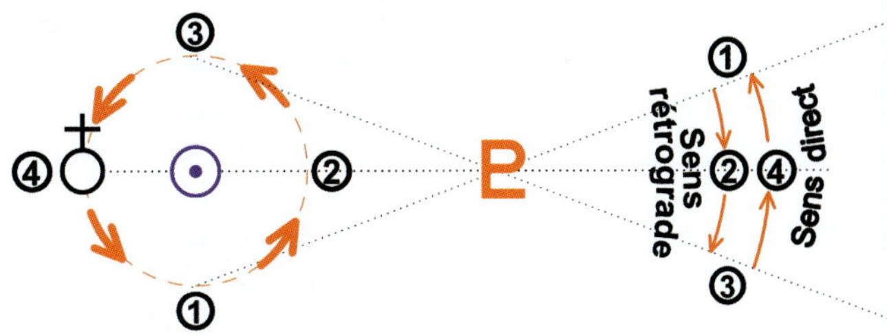

Schéma 2

CETTE STIMULATION DÉPEND DE LA QUALITÉ DE LA PLANÈTE

Chaque planète est reliée à un élément (voir le tableau du rabat). Lorsque l'élément lié à la planète est le même que celui lié à la constellation où elle

Nuages bas, plus ou moins gris, un ciel typique de l'influence de l'élément Eau.

séjourne, la stimulation est nettement augmentée. Elle l'est aussi mais à un moindre degré si les deux éléments sont Chaleur avec Air-Lumière ou Eau avec Terre. L'importance de cette augmentation dépend aussi beaucoup de la distance de la planète à la Terre.

CETTE STIMULATION DÉPEND DES ASPECTS PARTICULIERS

Vu de la Terre, chaque fois que deux planètes sont dans une relation angulaire particulière (= aspect, voir page 27 et suivantes), les éléments qui leur sont liés, ainsi que ceux des constellations où elles séjournent, sont nettement renforcés dans leur action. Ainsi, lorsqu'une planète change de constellation, on ne commence à voir vraiment son effet sur la météo que lorsqu'elle est dans un aspect particulier avec une autre planète.
Parmi les aspects, les trigones (angle de 120°) ont la particularité de presque toujours se faire devant deux constellations liées au même élément. Cela renforce tellement leur action sur la météo qu'elle dépasse celle de la Lune (les trigones déterminent alors les périodes de semis).

ACTION DU CIEL SUR L'ÉVOLUTION DES MASSES D'AIR

Pour comprendre la météorologie, on ne peut pas se contenter de décrire les modifications du microclimat régional qui se font le jour même de l'impulsion, il est nécessaire d'observer les mouvements des grandes masses d'air qui sont régis par les anticyclones et les dépressions. C'est là que les conjonctions et les oppositions sont très actives.

ACTION DES CONJONCTIONS ET DES OPPOSITIONS SUR LE TEMPS

Les conjonctions (angle de 0°) favorisent les dépressions.
Elles ont une action très nette sur le développement des dépressions qui grossissent, se multiplient et se mettent en mouvement, fractionnant les anticyclones. Le baromètre a tendance à baisser, et s'il monte, il le fait vite mais redescend aussi vite. C'est un temps de nouvelle Lune. Les qualités des planètes en conjonction et de la constellation où celle-ci a lieu nuancent cette action. Par exemple, l'élément Air-Lumière, associé à une conjonction, peut mettre l'air en mouvements rapides et nous apporter une belle tempête.

Les oppositions favorisent les anticyclones
Les oppositions (angle de 180 °) font grossir les anticyclones et stabilisent les masses d'air, provoquant les « patates » anticycloniques. Si le baromètre monte, il le fait doucement et reste longtemps haut. Mais une région qui est alors sous une dépression peut y rester aussi longtemps ! C'est un temps de pleine Lune. Comme toujours, les qualités des planètes en opposition et celles des constellations où

elles se trouvent alors, nuancent cette action. Si les éléments Terre et Eau dominent, l'anticyclone pourra apporter, au moins l'hiver, des nuages bas qui ne se lèvent pas pendant plusieurs jours, amenant des pics de pollution en ville. Si l'élément Air-Lumière domine, l'anticyclone desséchera l'air et pourra apporter de très grands froids en hiver et la canicule en été.

L'action d'une opposition peut être très forte. Si elle a lieu devant une constellation de Chaleur et une constellation d'Air-Lumière, entre deux planètes Chaleur (ou une Chaleur et l'autre Air-Lumière), son action dépasse celle de la Lune (et apporte une période-fruit indiquée dans les pages agenda).

Difficultés liées aux observations des masses d'air

Le lien entre les phénomènes astronomiques et le mouvement des masses d'air n'est pas toujours facile à observer. En effet, pour la plupart, les perturbations qui traversent la France (excepté sur la Côte d'Azur) se forment sur l'Océan Atlantique Nord et mettent 1 à 2 jours (ou plus) pour atteindre la pointe de la Bretagne et 2 à 4 jours (ou plus) pour l'Alsace. Par exemple, s'il est facile de constater qu'une forte impulsion Chaleur va apporter, dans les régions qui y sont sensibles, un bel orage en fin de journée, il est plus difficile de voir qu'elle peut provoquer aussi une perturbation orageuse qui se formera sur l'Océan Atlantique et mettra deux jours à traverser la France. Cette perturbation touchera donc toutes les régions les unes après les autres, quelle que soit l'heure de la journée, pour atteindre l'Alsace trois jours après l'impulsion. Le temps régional résulte donc des impulsions du jour même, mais aussi de toutes celles des jours précédents qui ont plus ou moins modifié les masses d'air au cours de leur progression vers notre propre région.

Tout ce que nous avons signalé à propos de l'action des éléments sur le microclimat, doit aussi pouvoir être étendu à l'évolution des masses d'air, mais cela demande plus d'approfondissement.

Prévisions météorologiques mensuelles

Vous trouverez dans les pages mensuelles de l'agenda des descriptions des tendances météorologiques du mois. Celles-ci, données à titre d'exemple, résultent d'observations faites surtout dans le grand quart Nord-Ouest de la France et sont donc mieux adaptées à cette zone géographique.

Pour affiner ces prévisions dans votre région et votre propre microclimat, il vous faudra cerner plus précisément le lien qu'il entretient avec les quatre éléments, cela est expliqué **page 5**.

Avant chaque description météo mensuelle la phrase qui suit est sous-entendue : **« Dans des conditions astronomiques semblables, nous observons le plus souvent que... »**.

La couleur utilisée pour décrire nos prévisions météorologiques mensuelles est celle de la courbe à laquelle cette prévision est liée.

Bonnes observations à tous !

Guy David et Didier de la Porte

Guide des périodes de semis

fructification	Espèce	Semis sous abri/ châssis D = début M = mi / F = fin	Semis en pleine terre à adapter au climat régional	Plantation Repiquage	Durée de levée (en jours)
	Ail (Liliacée)	fév. à avril		mars à avril	15-20
	Aubergine (Solanacée)	mars		mai à D juin	7
	Betterave (Chénopodiacée)		avril à juin		10
	Bette (Chénopodiacée)		avril à juin		10-15
	Brocoli à jets (Brassicacée)	janv. à fév.	mai à juin	avril à juillet	4-7
	Carotte (Apiacée)	mars à avril	mars à M juil.		10-20
	Céleri-rave (Apiacée)		mai		10-20
	Chicorées (Astéracée)	mars	M mai à F juil.		2-5
	Chou pommé (Brassicacée)	février	avril à juin	avril à juillet	4-7
	Chou-fleur et brocoli (Brassicacée)	avril	mars à juin	avril à juillet	4-7
	Chou de Bruxelles (Brassicacée)		mai	avril à M juin	4-7
	Chou-rave (Brassicacée)	mars à avril	mars à avril	avril à D août	4-7
	Concombre / Cornichon (Cucurbitacée)	mars à avril	mai à juin	mai à juin	3-8
	Courge(tte) **Potiron** (Cucurbitacée)	mars à avril	mai à juin	mai à juin	8
	Échalote (Liliacée)			mars à M mai	8-15
	Épinard (Chénopodiacée)	M février à avril	avril / août à sept.		5-12
	Fenouil (Apiacée)		M avril à M juil.		14-20
	Haricots à rames (Fabacée)	avril	M mai à D juil.		5-8
	Haricots nains (Fabacée)	avril	M mai à M août		5-8
	Laitue (Astéracée)	M fév. à M avril	M avril à fin août		3-10
	Mâche (Valérianacée)	D juil. à M sept.			8-30
	Navet (Brassicacée)	février M août à M sept	mars à avril juillet à août		4-7
	Oignon (Liliacée)		mars à mai	mars	8-15
	Persil (Apiacée)		M fév. à août		20-30
	Piment, Poivrons (Solanacée)	mars à M avril		M mai à M juin	10-15
	Pomme de terre (Solanacée)			avril à juin	16-20
	Poireau (Liliacée)	fév. à D mars	avril à juin	mai à M juil.	8-15
	Pois (Fabacée)		M fév. à M juin		6-30
	Radis rose (Brassicacée)	janv. à M mars	M mars à F sept.		2-5
	Radis noir (Brassicacée)		juil. à F août		2-5
	Salsifis (Astéracée)		mars à mai		8-20
	Tomate (Solanacée)	mars à avril		mai à juin	5-12

Note : Les noms des familles servent en particulier pour organiser la rotation. Eviter de faire revenir trop rapidement sur la même parcelle des plantes appartenant à la même famille.

Espacement en cm S = semis / P = plantation Entre rang	Sur rang	Exigence en compost M = mûr	Remarques
20	15	Nulle	Sols chauds - Plantation en Novembre dans le Sud
		Importante M	20°C minimum
30	5-10	Moyenne M	
40	40	Moyenne	Conseillé de couvrir le sol
P45	45		
25	1	Moyenne M	Eclaircir à 5 cm, associer avec radis et laitue
25	20	Importante	Apport de cendre de bois et fumier de porc conseillé
S 20 / P 30	S 4 / P 25	Moyenne M	
S 25 / P 60	S 5 / P 50	Importante M	Pour la choucroute, récolter en période-fleur
S 20 / P 30	S 4 / P 25	Importante M	Pour tous les choux : semis en pépinière et repiquage
S 25 / P 60	S 5 / P 50	Nulle	
P 25	25	Importante M	
		Importante	Semis direct en poquets / Semis sous chassis en godets
130 150-200	100 150-200	Importante	Semis direct en poquets / Semis sous chassis en godets
P 30	P 20	Nulle	Facile à cultiver
25-30	2	Importante M	Apport du compost à l'automne précédent / Eclaircir à 8-10 cm
40	5	Importante	Eclaircir à 20-25 cm
80	40	Moyenne M	10°C minimum / Semis en poquets
50	30	Moyenne M	10°C minimum / Semis en poquets
P30	25	Moyenne M	
20	1	Nulle	
20	1	Nulle	Eclaircir à 10-15 cm
30	5	Nulle	Eclaircir à 10 cm
25		Importante M	Garder le semis humide
P 50	P 50	Importante	Forte exigeance en chaleur
P 50	40	Importante	Apport du compost à l'automne précédent
S 20 / P 30	S 5 / P 15	Importante	
50	2-3	Moyenne M	4°C minimum
15		Nulle	Après culture ayant reçu une bonne fumure
20	10-15	Nulle	Après culture ayant reçu une bonne fumure
25	4	Moyenne	Eclaircir à 15 cm
P 70	50	Importante	Semis en godets ou terrine, 18°C minimum

Type de fructification : Fleur  Feuille  Fruit  Racine 

Janvier 2021

Astronomie — Planètes ☽ ☽ — ☉ Sagittaire (♐)

Semaine	Jour	Astronomie	Signe	Heures (0h–24h)	Période de plantation	Lune
Semaine 1	1 Ve		♋			
	2 Sa			6h		
	3 Di		♌		Période de plantation	
	4 Lu			20		
	5 Ma		♍			
	6 Me					
	7 Je					
	8 Ve		♎	3		
	9 Sa	△ Pg		5		
Semaine 2	10 Di	☋	♏	5 / 17		
	11 Lu			1 / 13		
	12 Ma		♐		9h	
	13 Me			16 18		☺ 6h
	14 Je	△	♑	6		
	15 Ve			7		
	16 Sa	♀☋	♒			
Semaine 3	17 Di			1 / 16		
	18 Lu		♓			
	19 Ma					
	20 Me			20		
	21 Je	Ag	♈	6 / 18		
	22 Ve			20		
	23 Sa		♉	11		
Semaine 4	24 Di	● ☿ ☊	♌			
	25 Lu		♊	2 / 20		
	26 Ma				17h	
	27 Me		♋		plantation	
	28 Je			0		☺ 20h
	29 Ve			14		
	30 Sa		♌			
	31 Di					

0h 3 6 9 12 15 18 21 24h — ♑

Pour lire facilement les indications de ce tableau, ramener le rabat de la dernière page de couverture sur la page suivante. Pour plus d'explications, voir aussi les pages 3 et 4.

Météorologie

Voir à la page 5 comment les courbes proposées en couleur de fond de ces deux pages peuvent permettre de prévoir des tendances météo.
En dernière page du mois vous trouverez le tableau astronomique qui précise l'origine des données de ces deux pages ainsi qu'une interprétation possible de ces courbes.

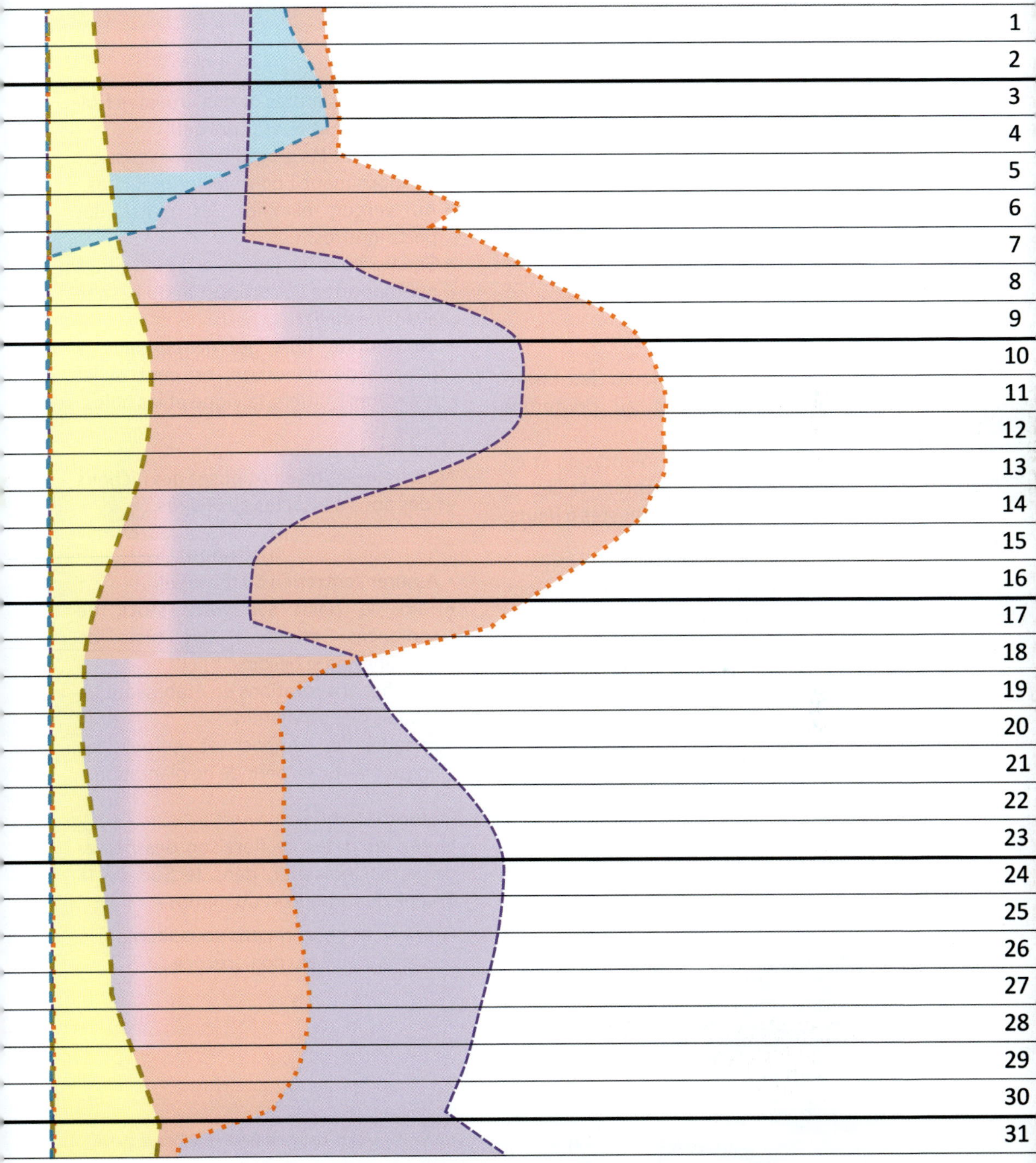

A faire au jardin et au verger

En période-racine

- Plantez l'ail sur butte pour limiter le risque de maladie, obtenir en meilleur drainage et accélérer le réchauffement du sol.
- Protégez du froid les légumes- racine encore en place sous une bonne couche de paille.
- En cas de forte gelée, récoltez les légumes-racine encore en place. Il est plus facile de les protéger du gel en cave, en cellier ou en silo.
- Dans un châssis bien protégé, semez vos premiers radis.

En période-fleur

- S'il ne gèle pas, repiquez les bisannuelles qui fleuriront au printemps prochain.
- Pendant la période de plantation et en dehors des gelées, plantez, taillez et bouturez les arbres et arbustes à fleurs.

En période-feuille

- Plantez laitues et chicorées si vous disposez d'un tunnel ou de cloches. Protégez-les de 3 épaisseurs de voile pour éviter qu'elles ne souffrent du froid.
- Éclaircissez la mâche, les laitues (faites une salade des jeunes pousses retirées ou repiquez-les) et arrosez, pour tasser le sol autour des racines.
- Mettez choux et poireaux en jauge.
- Sous serre ou sous couche chaude, semez des laitues et des chicorées (scaroles et frisées). Leur levée sera rapide, prévoyez déjà une autre couche pour le repiquage.

En période-fruit

- Plantez des arbres et des arbustes fruitiers à racines nues (hors gel).
- Éclaircissez les groseilliers et cassissiers en supprimant 1 ou 2 vieilles branches.
- Au verger, éliminez les rejets des porte-greffes.
- Sarclez sous les jeunes arbres fruitiers puis apportez du compost et du basalte avant de pailler.
- En période hors gel et pendant la période de plantation, on peut tailler les arbres fruitiers, la vigne et les haies.

Pour la biodiversité au jardin

Nourrissez les oiseaux, posez des nichoirs et des abris à insectes auxiliaires.

C'est aussi le bon moment pour

- Assurer l'entretien du matériel.
- Faire le point sur votre stock de semences : effectuez des tests de germination si besoin.
- Planifier vos rotations en établissant un croquis de votre jardin.
- Épandre le compost et enfouir les engrais verts, en période de plantation.

Calendrier phénologique

Notez les dates de floraison des perce-neige, du noisetier, dans le Sud de la France du romarin et du mimosa.

Grâce à ces observations vous saurez si le printemps sera ou non précoce.

Les oiseaux des jardins, comme la mésange à longue queue, apprécient d'être nourris durant l'hiver.

Pratiquer la biodynamie

Pratiquer la biodynamie ne se résume pas à utiliser le calendrier que vous tenez entre les mains! Rendre le sol plus vivant et permettre à la plante de se relier au cosmos, c'est l'objectif des biodynamistes. Pour atteindre cet objectif, il est indispensable d'utiliser les préparations biodynamiques : bouse de corne (voir ci-dessous), silice de corne (voir page 57), compost de bouse (voir p. 63) et les 6 préparations à introduire dans les composts (voir p. 111).

La bouse de corne*

Cette préparation, élaborée à partir de bouse de vache, favorise une bonne relation de la plante avec les forces terrestres. Pulvérisée lors des semis, elle aide la plante à développer plus de racines. Elle est aussi utilisée lors des repiquages, tout particulièrement lorsqu'on ne peut pas respecter la « période de plantation » et la bonne période-racine, fleur, feuille ou fruit. La bouse de corne affaiblit alors l'impulsion défavorable.

Sur les fermes biodynamiques, la bouse de corne est élaborée en octobre en remplissant des cornes de bouse de vache. On enterre ensuite ces cornes dans une terre fertile où elles restent durant tout l'hiver. La corne « absorbe » les forces de la terre hivernale et les relie à la bouse. Au printemps, on déterre les cornes et on met le contenu dans un récipient approprié qui sera conservé dans la tourbe jusqu'à l'emploi.

Pour un jardin on emploie une quantité de 25 g, suffisante pour une surface jusqu'à 2 500 m², qui est brassée (dynamisée) dans une dizaine de litres d'eau (voir indications p. 75).

**Texte extrait du livre « Pratiquer la biodynamie au jardin » de M. Thun, aux éditions du MABD.*

Vous trouverez dans ce calendrier des conseils pour une utilisation soutenue des préparations biodynamiques mois par mois et sur chaque planche du jardin ou chaque parcelle d'une ferme. De façon générale, deux pulvérisations de bouse de corne, l'une au printemps, l'autre à l'automne et deux pulvérisations de silice de corne sont suffisantes.

Élaborer les préparations

Broyer la silice à l'aide d'un mortier en métal puis entre deux plaques d'agate.

Utiliser les préparations

- Pulvériser le compost de bouse après chaque apport de matière organique dans le sol (épandage de compost ou enfouissement d'engrais vert).
- Pulvériser la bouse de corne au moment des semis sous serre chauffée.
- Compost de bouse et bouse de corne s'emploient en fin d'après-midi, si possible en période de lune descendante.

N.B. : Pour les jardiniers, élaborer soi-même des préparations biodynamiques de qualité est compliqué. Ils peuvent participer à leur élaboration collective via une association régionale de biodynamie ou les commander au MABD (voir p.120 et 121).

La bouse de corne à la sortie des cornes.

Les phénomènes astronomiques et la météo

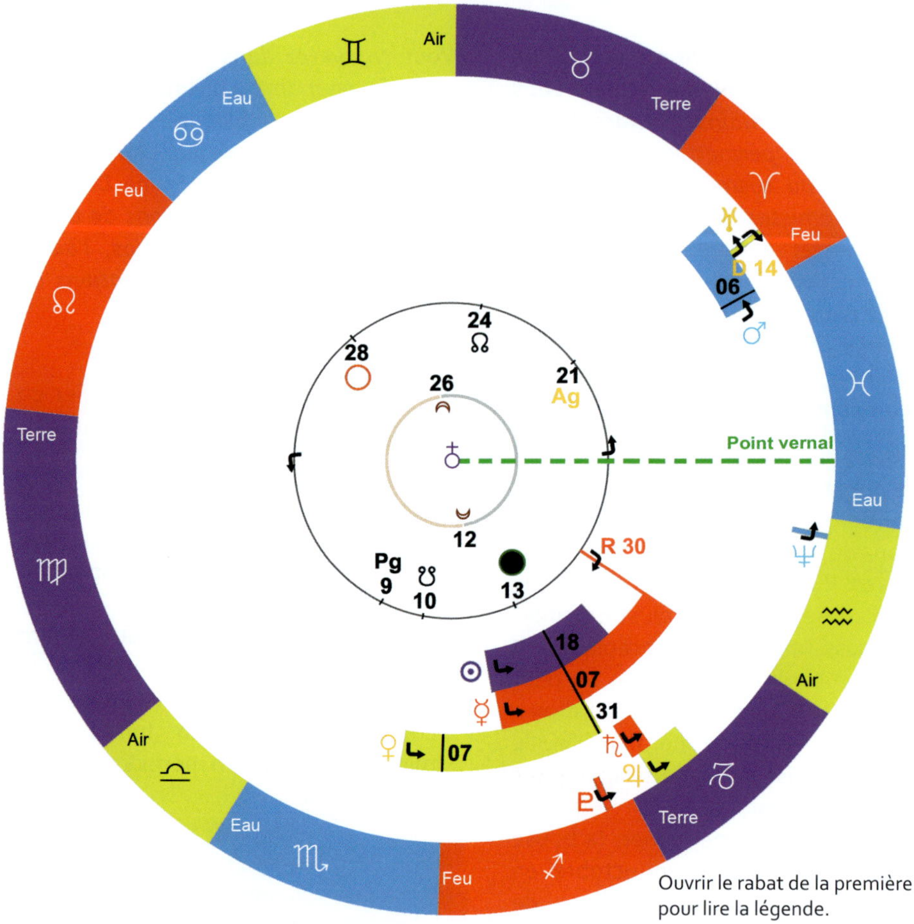

Ouvrir le rabat de la première page pour lire la légende.

Observer les planètes

Au début du mois nous voyons Vénus se lever au Sud-Est vers 7 h 30. Elle s'élève dans le ciel puis disparaît dans la lumière de l'aube vers 8 h 30. Se « rapprochant » du Soleil, elle ne sera plus visible à partir de la fin de mois. Jupiter et Saturne « proches du Soleil » ne sont visibles qu'en début de mois très proches de l'horizon juste après le coucher du Soleil. Jupiter étant bien plus brillante que Saturne, elle est observable un peu plus longtemps chaque soir et jusqu'au 15 du mois. Mercure n'apparaît qu'à partir de mi-janvier, dans les mêmes conditions. Mars est déjà bien au-dessus de l'horizon Sud-Sud-Est, lorsqu'elle s'allume dans le ciel du soir. Son coucher à l'Ouest-Sud-Ouest a lieu vers 2 h 30 en début de mois. Au cours du mois elle apparaît chaque soir un peu plus haut et plus au Sud et son coucher est plus précoce.

Les éléments stimulés par les planètes (voir le tableau page suivante)

L'élément Feu prédomine jusqu'au 17. Cette domination est renforcée à partir du 8 par les trigones que Vénus forme avec Mars le 9 et avec Uranus le 14. Le passage du Soleil en Capricorne le 18 offre une légère prépondérance à l'élément Terre à partir de cette date. L'élément Air ne reçoit que le faible soutien de Neptune devant le Verseau et l'élément Eau n'est présent que durant les 6 premiers jours.

Ouvrir le rabat de la dernière page de couverture pour lire la légende.

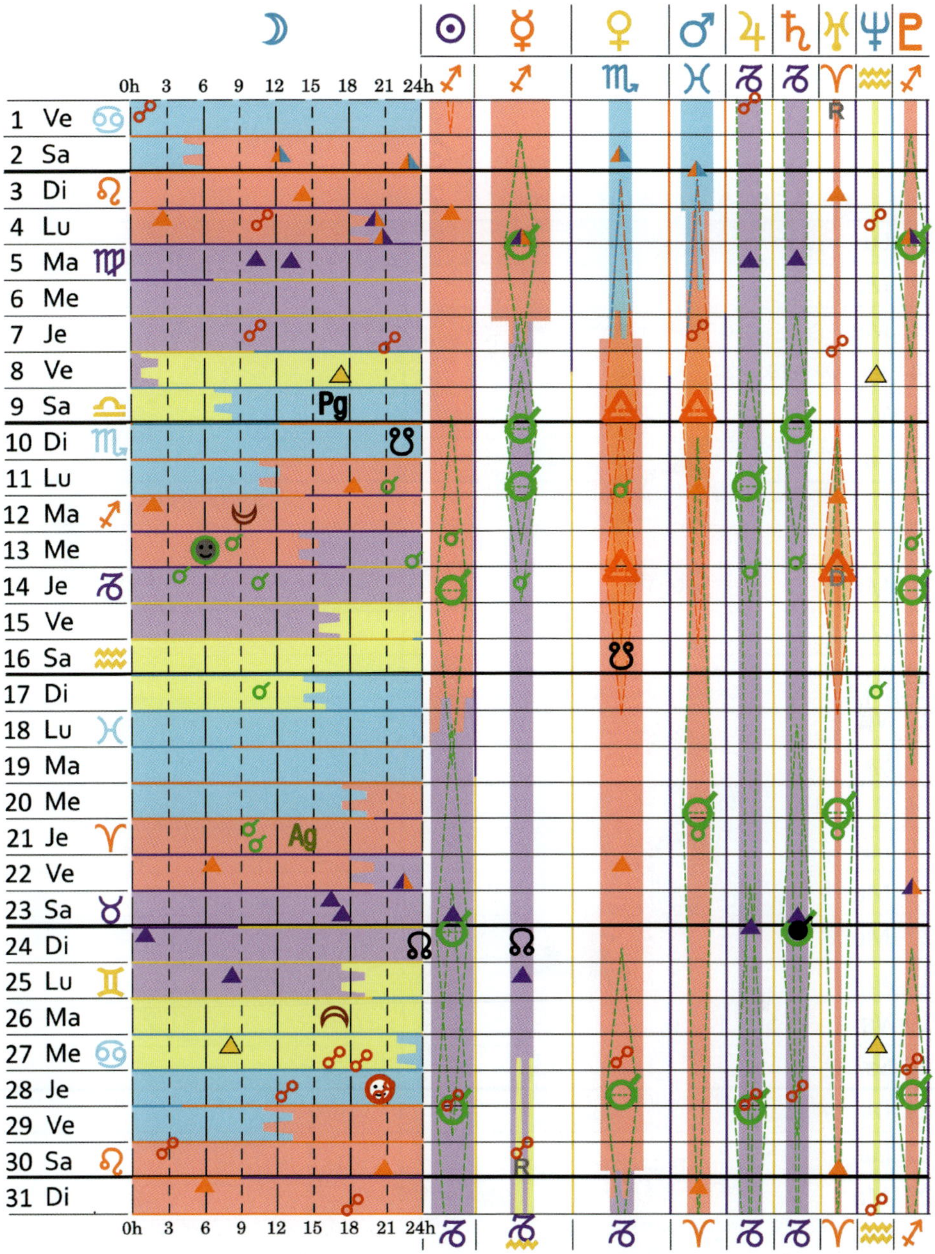

Voici les conditions météo les plus fréquemment observées lors de périodes ayant des positions astronomiques similaires :

Jusqu'au 4 : temps doux et humide / instable.

Du 5 au 17 : températures très douces pour la saison / brouillards fréquents / suite de dépressions / averses passagères possibles dans les régions liées à l'élément Chaleur.

Du 18 au 31 : températures toujours douces pour la saison / brouillards encore plus fréquents / masses d'air encore en mouvement.

N.B. : Les couleurs du texte se rapportent à celles des courbes visibles sur les tableaux des deux premières pages du mois.

Fevrier 2021

Astronomie / Planètes	Semaine	Jour	0h – 24h	Période de plantation	
	Semaine 5	1 Lu	2h	Période de plantation	
	Semaine 5	2 Ma			
Pg	Semaine 5	3 Me	8		
	Semaine 5	4 Je	8		
	Semaine 5	5 Ve	15		
	Semaine 5	6 Sa	22		
	Semaine 6	7 Di	5 / 20		
	Semaine 6	8 Lu		16h	
	Semaine 6	9 Ma			
	Semaine 6	10 Me	0		
	Semaine 6	11 Je			20h
	Semaine 6	12 Ve	3		
	Semaine 6	13 Sa			
	Semaine 7	14 Di	1		
	Semaine 7	15 Lu			
	Semaine 7	16 Ma			
	Semaine 7	17 Me	4		
Ag	Semaine 7	18 Je	3 / 16		
	Semaine 7	19 Ve	5		
	Semaine 7	20 Sa	23		
	Semaine 8	21 Di	6		
	Semaine 8	22 Lu	5		
	Semaine 8	23 Ma		2h	
	Semaine 8	24 Me	9	plantation	
	Semaine 8	25 Je	23		
	Semaine 8	26 Ve			
	Semaine 8	27 Sa			9h
		28 Di	10		

0h 3 6 9 12 15 18 21 24h

Pour lire facilement les indications de ce tableau, ramener le rabat de la dernière page de couverture sur la page suivante. Pour plus d'explications, voir aussi les pages 3 et 4.

Météorologie

Voir à la page 5 comment les courbes proposées en couleur de fond de ces deux pages peuvent permettre de prévoir des tendances météo.

En dernière page du mois vous trouverez le tableau astronomique qui précise l'origine des données de ces deux pages ainsi qu'une interprétation possible de ces courbes.

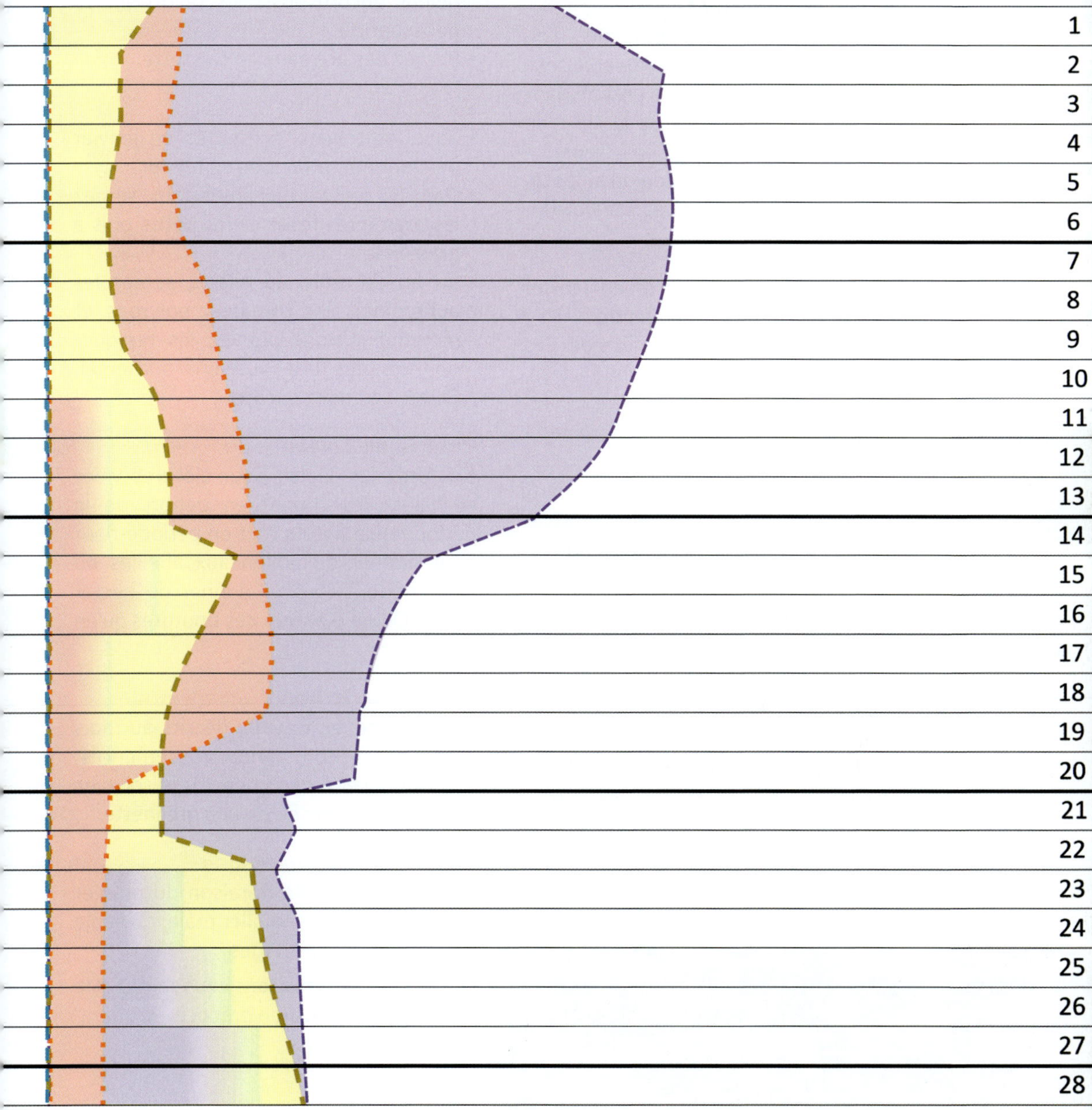

A faire au jardin et au verger

En période-racine

- Tous les travaux présentés en janvier peuvent être effectués en février.
- Un semis de carottes, de navets, d'oignons et de radis est envisageable sous abri si aucune gelée n'est à prévoir dans les jours suivants. Couvrez le sol d'un voile de forçage en 2 ou 3 épaisseurs.
- Sous tunnel, en serre froide ou au potager bien abrité, plantez des échalotes.

En période-fleur

- Tous les travaux présentés en janvier peuvent être effectués en février.
- Semez sous abri, à l'abri du gel, des mufliers, des pétunias, des rudbeckias, des sauges, des scabieuses, de la verveine, pour obtenir des plants à repiquer dehors en mai.
- Plantez des rosiers. Distancez deux rosiers de plus de 1 m pour intercaler d'autres plantes (lavande, mélisse, absinthe...) qui éloignent les parasites.

En période-feuille

- Tous les travaux présentés en janvier peuvent être effectués en février.
- Éclaircissez tout de suite les plantules excédentaires des salades semées en janvier car, sous abri, la fonte détruit facilement un semis trop dense et trop humide.
- Sous serre ou sous couche chaude, semez du persil, entretenez une bonne humidité. C'est aussi le bon moment pour le semer dehors car les petites gelées encore possibles favorisent sa germination.
- Semez des poireaux en caissette.

En période-fruit

- Tous les travaux présentés en janvier peuvent être effectués en février.
- Dans les régions au climat doux, semez les premières fèves et les petits-pois à grain lisse.
- En fin de mois, au chaud, semez les aubergines, les tomates, poivrons et piments si vous pouvez les repiquer un mois plus tard sous serre ou tunnel. Sinon, attendez encore.

Pour la biodiversité au jardin

Bouturez les saules pour clôtures vives et haies : les couper en dehors de la période de plantation et en période-fleur pour donner du pollen aux abeilles ou en période-fruit pour donner du nectar (miel). On ne plantera ces boutures qu'en mars.

C'est aussi le bon moment pour

- Poursuivre les travaux décrits au mois de janvier et commander vos semences.
- Commencer à décompacter le sol avec une fourche-bêche ou une grelinette.

Calendrier phénologique

Notez les dates de floraison du prunier myrobolan, du cornouiller mâle, du saule marsaut et des tussilages.

Grâce à ces observations vous saurez si le printemps sera ou non précoce.

Reprise des rameaux de saule dès la première année. Les haies constituent la « peau » du jardin et abritent de nombreux oiseaux et insectes.

Pratiquer la biodynamie

La silice de corne*

Cette préparation est élaborée avec du quartz transparent, le plus pur possible. Dans l'industrie, on fabrique des loupes avec ce quartz. Regardons une loupe, lorsque la lumière du soleil la traverse, elle peut enflammer un morceau de papier en dessous. C'est-à-dire que l'influence de la lumière et de la chaleur est renforcée. Nous utilisons cette propriété pour la culture des plantes. La silice de corne favorise ainsi la structure des plantes qui deviennent plus résistantes aux maladies, particulièrement cryptogamiques. Elle améliore également la maturation et la conservation des fruits et légumes.

Pour élaborer la silice de corne, nous mettons du quartz finement broyé dans une corne de vache. La forme spiralée de la corne de vache a une forte influence de concentration des processus biologiques. La corne de vache séjourne dans la terre en été et elle concentre l'influence du soleil d'été dans la préparation silice de corne.

Pour un jardin on emploie un gramme, quantité suffisante pour une surface jusqu'à 2500 m², qui est brassée (dynamisée) dans une dizaine de litres d'eau durant une heure (voir indications p. 75).

La période d'utilisation de la silice de corne dépend fortement du stade de développement de la culture. Elle est le plus souvent appliquée au printemps, lorsque les plantes ont acquis de la vigueur et sont en pleine croissance, et durant l'été et l'automne, quand les fruits se forment et avant la récolte. De manière générale, il faut éviter de pulvériser sur des plantes trop jeunes ou trop faibles. La silice de corne est particulièrement utile durant et après des périodes pluvieuses ou d'humidité prolongée, mais on s'abstiendra de pulvériser sous la pluie. Cette préparation devrait être appliquée au plus près du lever du soleil, mais pas avant celui-ci, et au plus tard avant 8 heures du matin.

** Texte extrait du livre « Pratiquer la biodynamie au jardin » de M. Thun.*

Élaborer les préparations

Terminer de broyer la silice à l'aide de plaques d'agate.

Utiliser les préparations

- Pulvériser le compost de bouse Maria Thun après chaque apport de matière organique dans le sol (épandage de compost ou enfouissement d'engrais vert).
- Pulvériser la bouse de corne au moment des semis sous abri.
- Compost de bouse et bouse de corne s'emploient en période de lune descendante et en fin d'après-midi.

Prévention des maladies et ravageurs

- Après les tailles d'arbres, brûler les bois contaminés par les maladies cryptogamiques et répandre les cendres dans le verger lorsque la Lune est en périgée (Pg), le 03.
- Incinérer ou réaliser un purin de limaces ou d'escargots le 24 à partir de 9 h et le 25.
- La période du 20 au 24 est favorable pour la pulvérisation de décoction de prêle sur le sol (voir p. 69).

Cornes remplies de poudre de quartz (mélangée à de l'eau) avant leur passage en terre.

Les phénomènes astronomiques et la météo

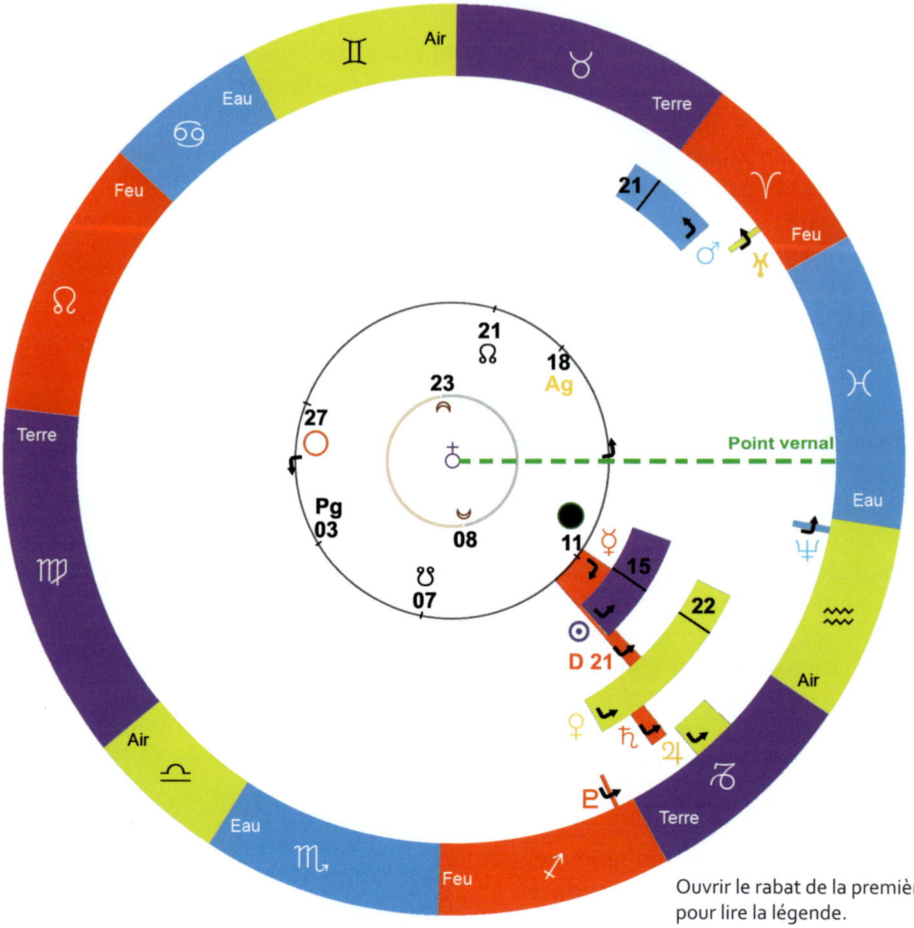

Ouvrir le rabat de la première page pour lire la légende.

Observer les planètes (voir le rabat de la première page de couverture)

En début de mois, Mars apparaît très haut au-dessus de l'horizon (à presque 60°) au Sud au coucher du Soleil. Elle descend ensuite dans le ciel pour se coucher à l'Ouest vers 1 h 30. Son apparition se décale vers le Sud-Ouest durant le mois et son coucher, de plus en plus précoce, se décale vers le Nord. A la fin du mois elle apparaît toujours aussi haut au dessus de l'horizon à l'Ouest-Sud-Ouest vers 19 h 30 pour se coucher vers 1 h 30 à l'Ouest-Nord-Ouest. Toutes les autres planètes observables à l'œil nu (Mercure, Vénus, Jupiter, Saturne) sont regroupées autour du Soleil. Elles ne sont donc pas visibles, sauf en fin de mois durant quelques dizaines de minutes juste avant le lever du Soleil, à l'exception de Vénus.

Les éléments stimulés par les planètes (voir le tableau page suivante)

Avec le Soleil, Mercure, Vénus, Jupiter et Saturne circulant devant le Capricorne, l'élément Terre est largement dominant pendant la première quinzaine du mois. Le Soleil entre ensuite dans le Verseau et apporte ainsi un bon soutien à l'élément Air. Il faudra cependant attendre le 22 et l'arrivée de Vénus devant cette même constellation pour que l'élément Air devienne à peu près aussi influent que l'élément Terre. L'élément Feu est légèrement stimulé par la présence devant le Bélier de Mars jusqu'au 20 et d'Uranus tout le mois ainsi que par celle devant le Sagittaire de Pluton. L'élément Eau est lui complètement «absent ».

Ouvrir le rabat de la dernière page de couverture pour lire la légende.

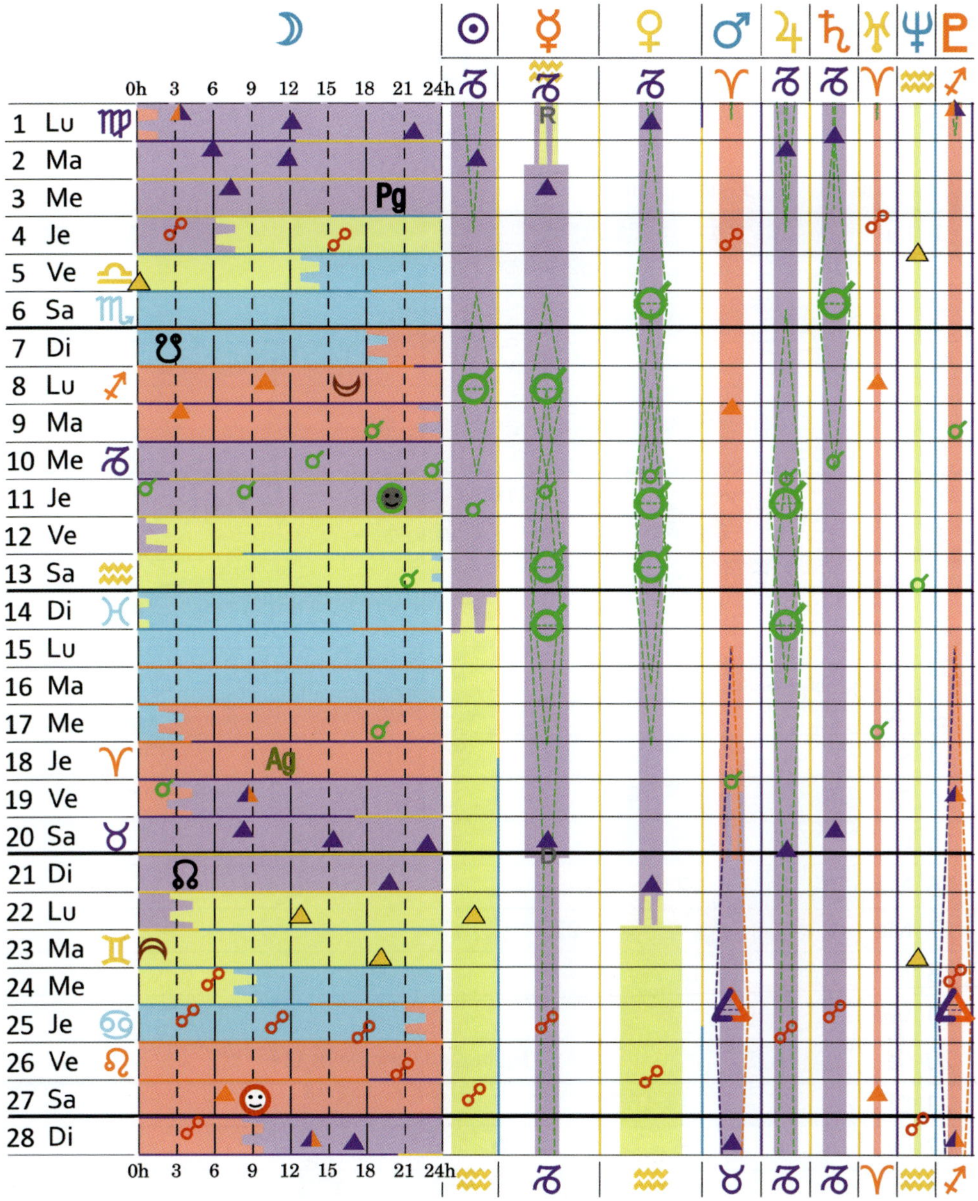

Voici les conditions météo les plus fréquemment observées lors de périodes ayant des positions astronomiques similaires :

Du 1er au 21 : temps toujours instable / brouillards abondants / températures plus fraîches voisines de celles du sol.

À partir du 22 : temps plus stable / brouillards matinaux / apparition d'éclaircies pouvant faire localement descendre la température nocturne .

N.B. : Les couleurs du texte se rapportent à celles des courbes visibles sur les tableaux des deux premières pages du mois.

Mars 2021

Astronomie — Planètes ☽ ☽ — ⊙ ♒

Astronomie	Semaine	Jour	0h 3 6 9 12 15 18 21 24h	Période de plantation	⊙ ♒ / ♓
♍	Semaine 9	1 Lu	18h –	Période de plantation	
Pg		2 Ma	– – – – – – – – – – 18 – –		
☿☋		3 Me	– – – – – – – – – – – – –		
♎		4 Je	– – –6 … 20		
♏		5 Ve	22		
☋		6 Sa	– – 5		
	Semaine 10	7 Di	1	21h	
♐		8 Lu			
		9 Ma	7		
♑		10 Me			
		11 Je	10		
♒		12 Ve			
		13 Sa	9		☺ 11h
♓	Semaine 11	14 Di			
		15 Lu			
		16 Ma	12		
♈		17 Me	22		
Ag		18 Je	10 12		
♉		19 Ve			
☊		20 Sa	1 – – – 8		Équinoxe de printemps 11 h
	Semaine 12	21 Di	13 16		
△ ♊		22 Lu	12	10h	
		23 Ma	19	Période de plantation	
♋		24 Me			
		25 Je	9		
♌		26 Ve			
		27 Sa	20		
♍	Semaine 13	28 Di			☺ 21h Rameaux L'heure d'été est prise en com
		29 Lu	20 –		
Pg		30 Ma	– – – – – – – – – – –20 23		
♎		31 Me			

0h 3 6 9 12 15 18 21 24h — ♓

Pour lire facilement les indications de ce tableau, ramener le rabat de la dernière page de couverture sur la page suivante. Pour plus d'explications, voir aussi les pages 3 et 4.

Météorologie

Voir à la page 5 comment les courbes proposées en couleur de fond de ces deux pages peuvent permettre de prévoir des tendances météo.

En dernière page du mois vous trouverez le tableau astronomique qui précise l'origine des données de ces deux pages ainsi qu'une interprétation possible de ces courbes.

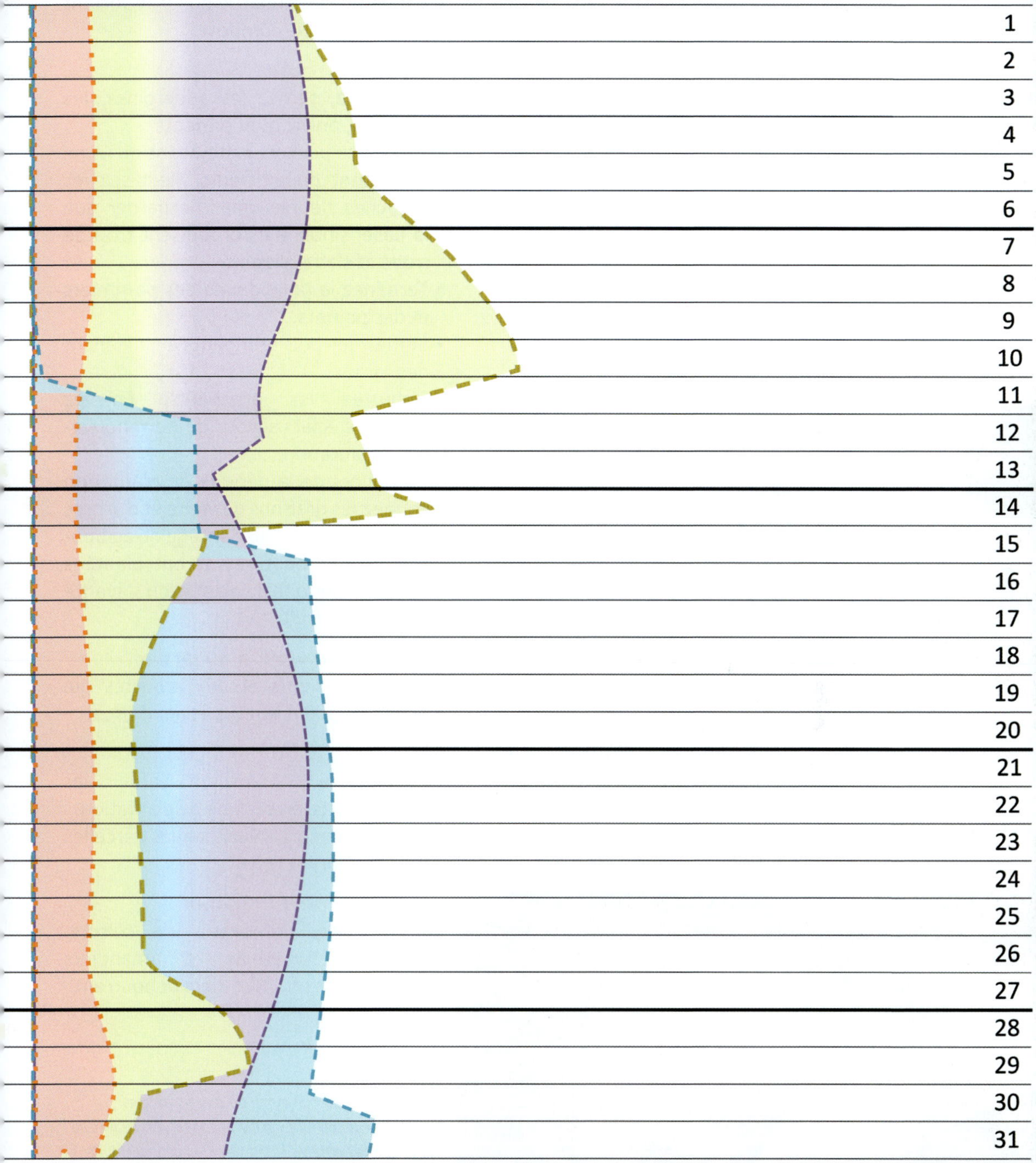

A faire au jardin et au verger

En période-racine

- Semez au chaud des céleris dans une terrine pour les repiquer d'ici 1 mois.
- Plantez des bulbilles d'oignon et d'échalote et de l'ail.
- Semez des navets, des radis, des rutabagas (choux-navets), des carottes, des panais sous tunnel ou en pleine terre dans les potagers abrités et les régions au climat doux.
- Récoltez les derniers scorsonères, salsifis et panais restés en terre. Les parcelles libérées auront été bien travaillées, inutile de bêcher pour une nouvelle culture.

En période-fleur

- Semez en pleine terre, sous châssis ou sous voile des annuelles rustiques (calendula, centaurée, ancolie, camomille).
- Repiquez les bisannuelles pour les floraisons printanières (myosotis, pâquerettes, pensées) et les vivaces semées en automne.
- Semez sous abri des brocolis à jet.
- Plantez des arbustes à fleurs à proximité du potager.

En période-feuille

- Semez de la tétragone directement en pleine terre, dans un endroit exposé et en terre légère.
- Plantez ciboulette et oseille.
- Semez des poireaux : si le sol a été bien préparé en amont, il accepte même un sol gelé.
- Plantez de la rhubarbe en lui apportant une poignée de compost.

En période-fruit

- Au chaud, semez les aubergines, les tomates, poivrons et piments.
- Taillez les pêchers juste avant qu'ils ne fleurissent ou en fleurs. Réduisez les branches fleuries pour ne garder que la base, sinon elles produisent trop de fruits et s'affaiblissent.
- Terminez la taille douce des pommiers et des poiriers.
- Semez des pois grimpants en installant des rames.
- Débuttez les artichauts. Enlevez quelques éclats si vous devez renouveler la plantation.
- En dehors de la période de plantation coupez les greffons de vigne et d'arbres fruitiers destinés au greffage ou au bouturage. Les boutures seront plantées lors de la période de plantation suivante en période-fruit.

Pour la biodiversité au jardin

Pensez aux fleurs et aux arbustes qui attirent les pollinisateurs et auxiliaires.

C'est aussi le bon moment pour

- Épandre le compost et enfouir les engrais verts, en période de plantation.
- Semer les engrais verts sur les parcelles libérées durant l'hiver.

Calendrier phénologique

Les nivéoles, primevères de culture, hellébores, forsythias et amandiers fleurissent. Les framboisiers débourrent.

Essais de Maria Thun montrant que les patates « cultivées » en période-racine se conservent beaucoup mieux que des patates « cultivées » en période-feuille.

Pratiquer la biodynamie

Le compost de bouse*

Cette préparation est élaborée à partir de bouse de vache qui est le matériau porteur des impulsions apportées par les trois autres ingrédients : coquille d'œuf, basalte et préparations biodynamiques du compost (voir p. 111). La bouse, additionnée de ces ingrédients, est brassée à la pelle durant une heure avant d'être compostée dans un tonneau de bois durant deux mois minimum.

Pour un jardin nous brassons 60 g de compost de bouse durant 20 minutes dans une dizaine de litres d'eau (voir indications p. 75). Cette quantité suffit pour pulvériser 2 500 m². On obtient les meilleurs résultats avec trois pulvérisations de compost de bouse effectuées sur trois jours successifs (trois à cinq jours avant le semis). On peut utiliser le liquide brassé durant deux à trois jours pour effectuer le soir les pulvérisations successives.

Le compost de bouse active les transformations dans le sol, il stimule les organismes du sol qui favorisent une bonne structuration par une meilleure agrégation des substances organiques et minérales dans le sol. Nous conseillons de pulvériser également le compost de bouse lorsqu'on épand du fumier ou du compost. Nous en pulvérisons aussi lors du labour d'hiver.

Élaborer les préparations

Dans les régions les plus méridionales, récolter les fleurs de pissenlit le matin en période-fleur. Le centre du capitule doit encore être fermé.

* *Texte extrait du livre « Pratiquer la biodynamie au jardin » de M. Thun, aux éditions du MABD.*

Utiliser les préparations

- Quelques gouttes de préparation de valériane dynamisées 20 minutes renforcent la résistance des plantes au froid.
- Pulvériser la bouse de corne à la reprise des terres et aux semis ainsi que sur les prairies, sur le sol des vergers et aussi sur les troncs et les branches des arbres fruitiers.
- Pulvériser le compost de bouse si besoin.
- Pulvériser la silice de corne lorsque les premières cultures sous abri sont bien implantées et sur les prairies lorsque l'herbe a poussé et au moins 8 jours après l'utilisation de la bouse de corne. La silice de corne s'emploie de préférence très tôt le matin et en lune montante.

Prévention des maladies et ravageurs

- Dans les vergers et vignobles, incinérer les bois de taille et épandre les cendres le 2 ou le 30. A l'apparition des bourgeons, pulvériser la tisane d'ortie le matin et la décoction de prêle le soir, en période-feuille. Refaire le traitement deux semaines plus tard toujours en période-feuille.
- La pleine lune du 28 étant proche du périgée, suivez les traitements préventifs avec attention. **Il est particulièrement conseillé de pulvériser la décoction de prêle sur le sol durant la période du 22 au 26,** le soir.
- Incinérer ou réaliser un purin de limaces ou d'escargots du 23 à 19 h au 25 à 8 h.
- Incinérez les acariens (araignées rouges) du 11 à 10 h au 13 à 8 h.

(voir p. 32, 99 et 69)

Les phénomènes astronomiques et la météo

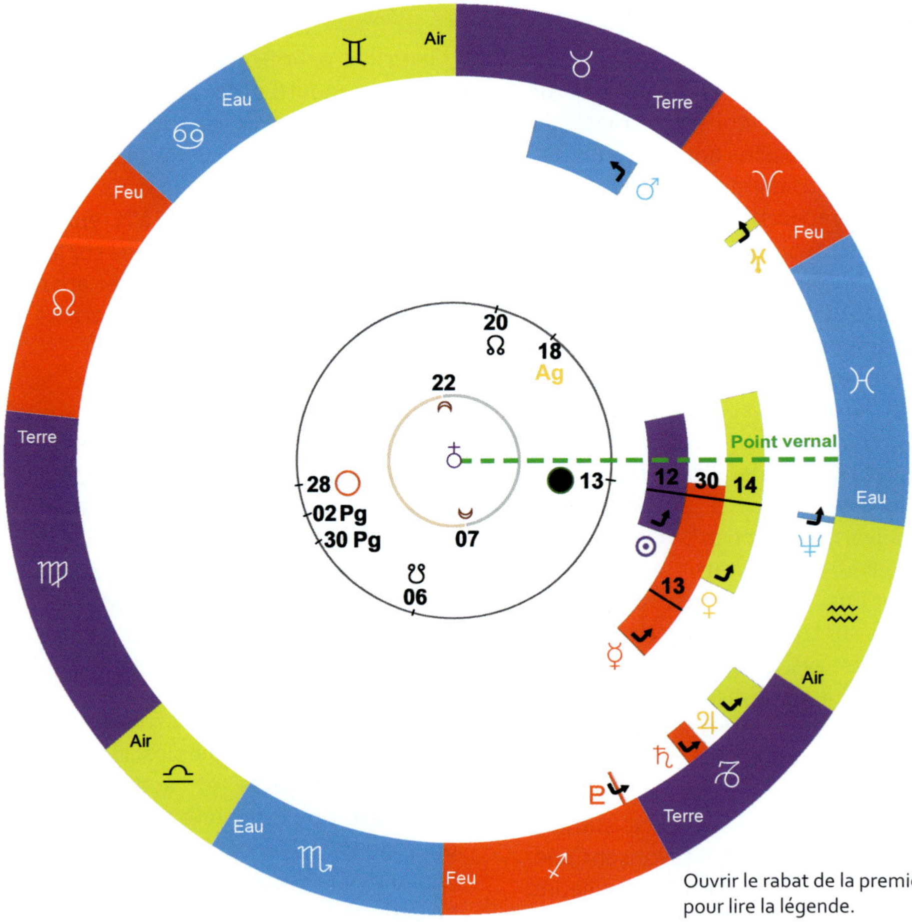

Ouvrir le rabat de la première page pour lire la légende.

Observer les planètes

Mars poursuit sa dynamique, apparaissant toujours plus à l'Ouest mais maintenant un peu plus bas dans le ciel chaque soir. En fin de mois elle se dévoile vers 21 h à une cinquantaine de degrés au-dessus de l'horizon Ouest-Sud-Ouest et disparaît sous l'horizon au Nord-Ouest vers 2 h du matin. Au début du mois, Mercure, Jupiter et Saturne apparaissent dans la lumière de l'aurore, brièvement mais bien groupées et presque alignées, tout près de l'horizon au Sud-Est. Les jours passant, Mercure s'approche du Soleil et n'est plus visible mais Jupiter et Saturne apparaissent de plus en plus tôt et donc de plus en plus clairement. Le 30 elles se lèvent vers 6 h du matin et nous pouvons les voir s'élever jusqu'à une hauteur de 10° environ vers 7 h.

Les éléments stimulés par les planètes (voir le tableau page suivante)

Pendant la première décade, la situation reste la même que celle de fin février. L'élément Eau retrouve un certain soutien lorsque le Soleil puis Vénus rejoignent les Poissons (le 12 et le 14). Mercure prenant leur relais devant le Verseau à partir du 13, l'élément Air reste légèrement stimulé durant la deuxième quinzaine du mois mais l'élément Terre est encore dominant. L'élément Feu n'est lui que faiblement soutenu par la présence, qui se prolonge durant toute l'année, d'Uranus devant le Bélier et de Pluton devant le Sagittaire. Le 30 Mercure rejoint les Poissons et l'élément Eau fait alors jeu égal avec l'élément Terre.

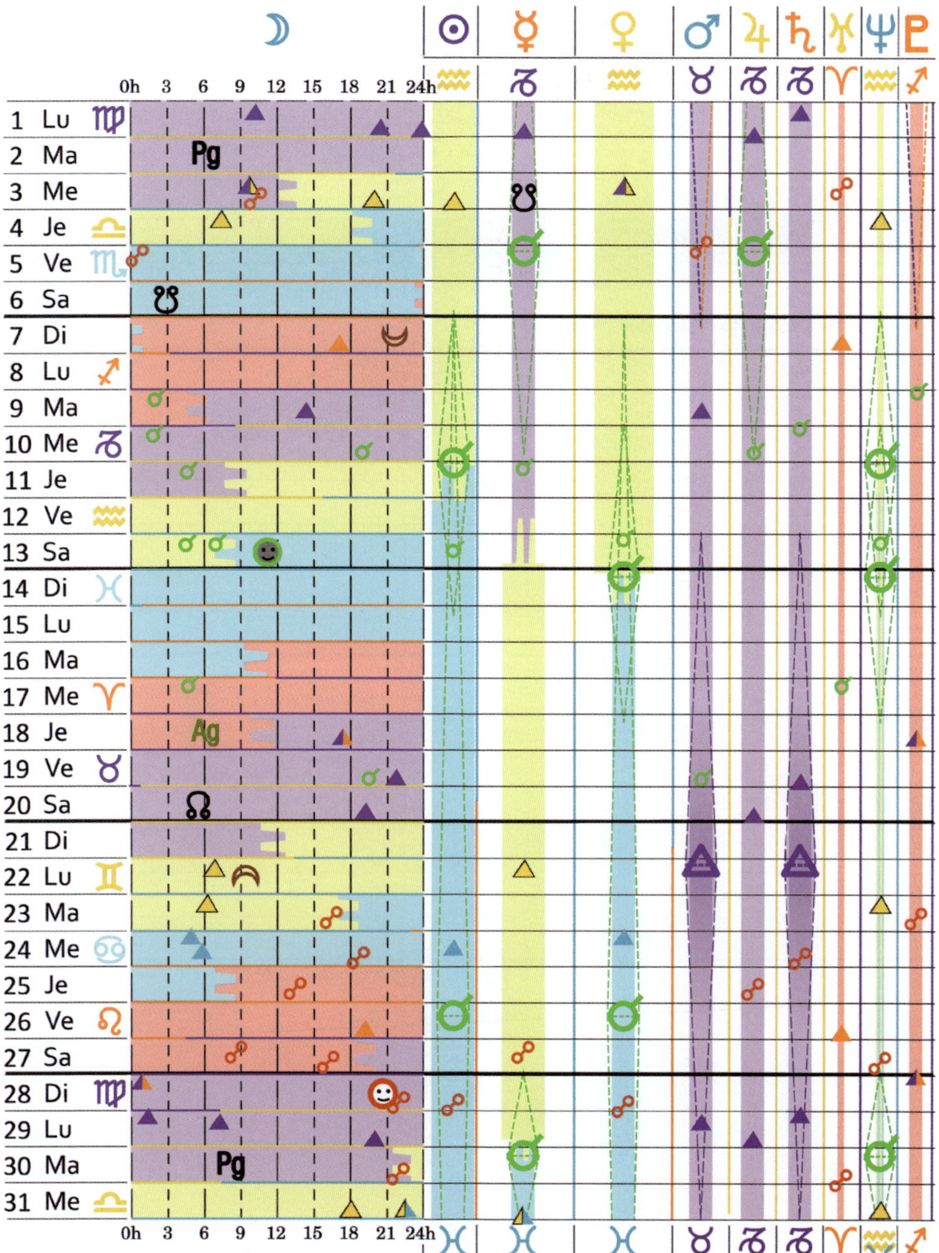

Ouvrir le rabat de la dernière page de couverture pour lire la légende.

Voici les conditions météo les plus fréquemment observées lors de périodes ayant des positions astronomiques similaires :

Jusqu'au 14 : mêmes conditions que fin février, un peu plus instable / brouillards matinaux / éclaircies de plus en plus marquées, pouvant, localement, faire descendre la température nocturne.

À partir du 15 : humidité plus marquée / perturbations apportant davantage de bruines et crachins en plus des brouillards matinaux / températures plutôt fraîches pour la saison.

N.B. : Les couleurs du texte se rapportent à celles des courbes visibles sur les tableaux des deux premières pages du mois.

Avril 2021

Astronomie

Planètes ☽	☽	Semaine	Jour	0h 3 6 9 12 15 18 21 24h	Plantation	☉ ♓
	♎	Semaine 13	1 Je	4h	plantation	
☋	♏	Semaine 13	2 Ve	– 1 – – – 8 Vendredi saint – – –	plantation	
		Semaine 13	3 Sa	– – – – 8 Samedi saint – – –	plantation	
	♐	Semaine 14	4 Di		4h	Pâques
		Semaine 14	5 Lu	13		
	♑	Semaine 14	6 Ma			
		Semaine 14	7 Me	17		
	♒	Semaine 14	8 Je			
		Semaine 14	9 Ve	16		
	♓	Semaine 14	10 Sa			
		Semaine 15	11 Di			
		Semaine 15	12 Lu	19		☺ 5h
	♈	Semaine 15	13 Ma			
Ag		Semaine 15	14 Me	11		
	♉	Semaine 15	15 Je	0		
☊		Semaine 15	16 Ve	4 – – 11		
		Semaine 15	17 Sa	12 – 16 21		
	♊	Semaine 16	18 Di		18h	
		Semaine 16	19 Lu		Période de plantation	
		Semaine 16	20 Ma	4	Période de plantation	
	♋	Semaine 16	21 Me	11 – – – – –	Période de plantation	
☿☊	♌	Semaine 16	22 Je	– – – – – – – – – – – 23	Période de plantation	
		Semaine 16	23 Ve		Période de plantation	
		Semaine 16	24 Sa	8	Période de plantation	
	♍	Semaine 17	25 Di		Période de plantation	
		Semaine 17	26 Lu		Période de plantation	
Pg		Semaine 17	27 Ma	5 – – – – – – – – –	Période de plantation	☺ 6h
	♎	Semaine 17	28 Me	– – 5 14	Période de plantation	
☋	♏	Semaine 17	29 Je	7 – – 15	Période de plantation	
		Semaine 17	30 Ve	16 20 –	Période de plantation	♈

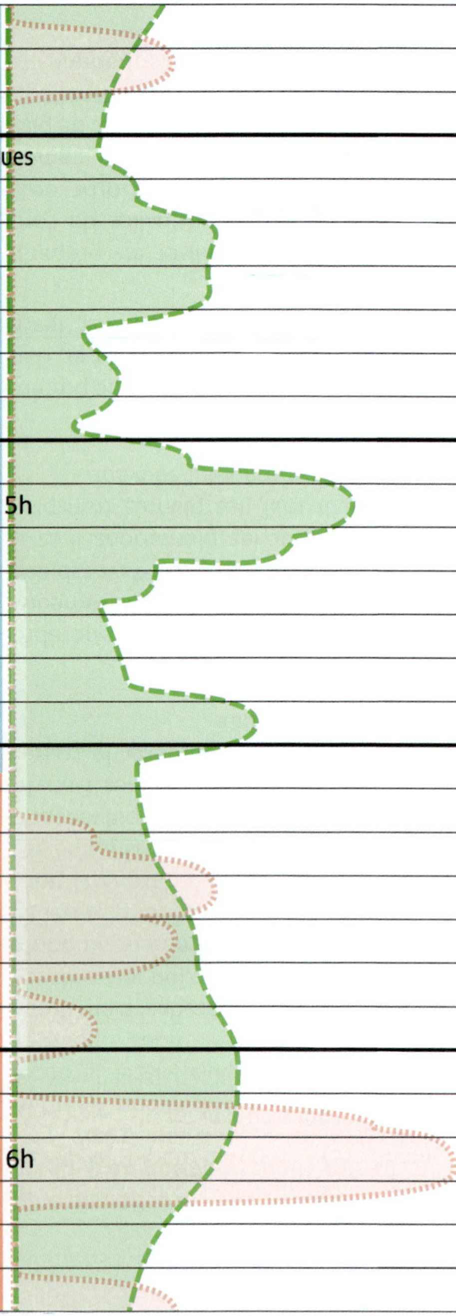

Pour lire facilement les indications de ce tableau, ramener le rabat de la dernière page de couverture sur la page suivante. Pour plus d'explications, voir aussi les pages 3 et 4.

Météorologie

Voir à la page 5 comment les courbes proposées en couleur de fond de ces deux pages peuvent permettre de prévoir des tendances météo.

En dernière page du mois vous trouverez le tableau astronomique qui précise l'origine des données de ces deux pages ainsi qu'une interprétation possible de ces courbes.

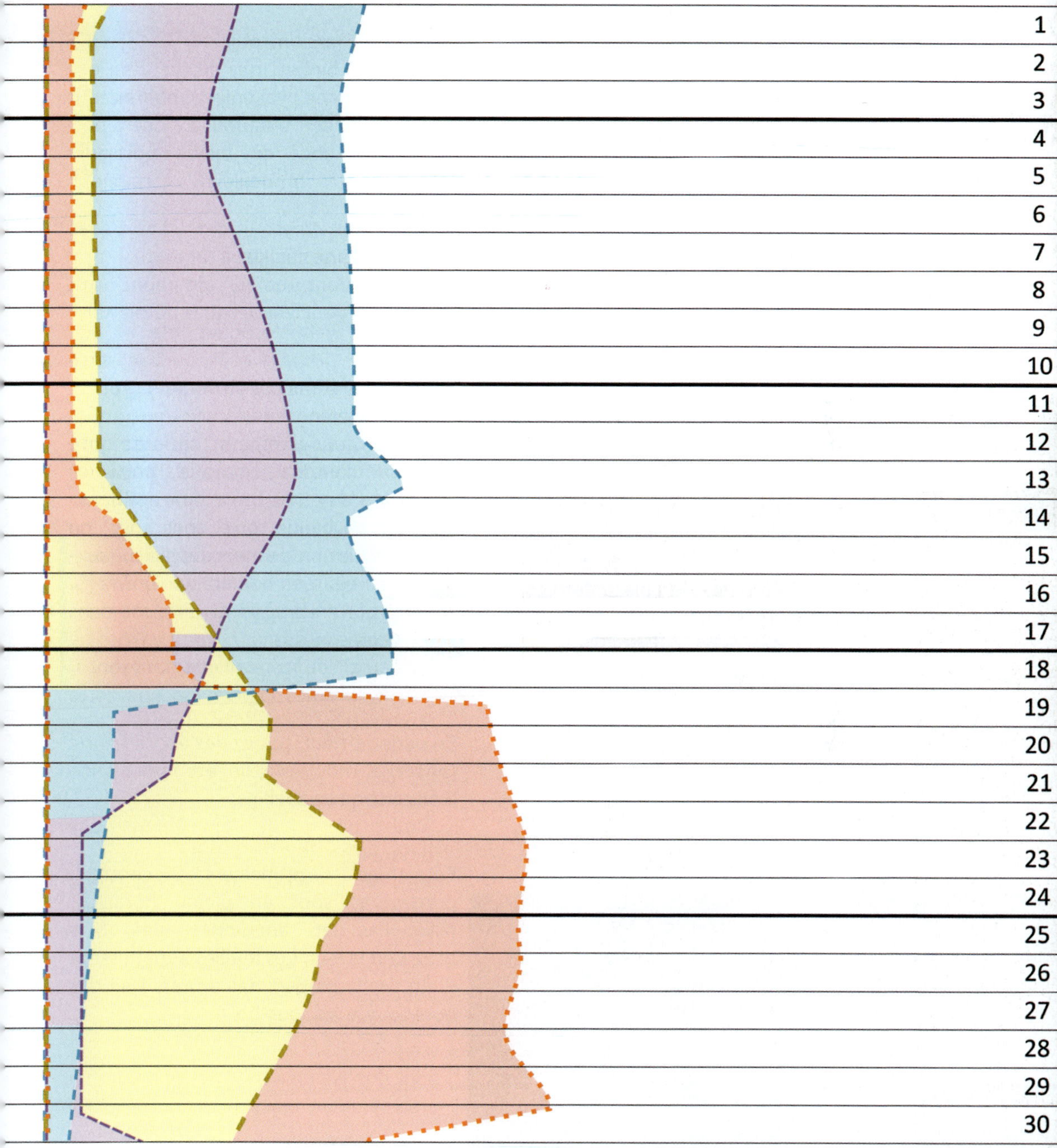

A faire au jardin et au verger

En période-racine

- Semez des navets, des radis, des rutabagas (choux-navets), des carottes, des betteraves, panais, salsifis et scorsonères en pleine terre.
- Plantez les premières pommes de terre.
- Sarclez entre les rangs et éclaircissez sur les lignes de carottes, navets, radis…

En période-fleur

- Continuez à tailler les rosiers, les bonnes branches droites à écorce lisse font d'excellentes boutures.
- Semez des brocolis à jet et des fenouils.
- Semez en pleine terre ou sous abri les fleurs annuelles et les vivaces (aneth, phacélie, reine-marguerite, capucine, cosmos, lavatère, souci, gaillarde, centaurée, ancolie, pétunia, oeillet d'Inde, nigelle, zinnia, brize, escholzia, etc.). N'hésitez pas à mélanger plusieurs paquets de graines, les mélanges prennent moins de place et sont attrayants plus longtemps.
- Plantez les éclats d'artichauts (de mi-avril à mi-mai) pour une récolte possible début octobre.
- Plantez les bulbes d'été : glaïeuls, lys, dahlias.

En période-feuille

- Plantez choux, laitues, ciboulette, estragon et oseille. Faites tremper les mottes avant plantation et délitez-les pour que les racines s'installent vite en terre.
- Plantez les griffes d'asperge dans une tranchée de 30 cm de profondeur.
- Récoltez en matinée l'ail des ours et les jeunes pousses d'ortie.
- Semez des poireaux d'automne en caissette ou en pleine terre un peu tassée (plombée).
- Semez du cresson, des choux, des blettes, du basilic, de la roquette.

En période-fruit

- Semez en pleine terre des pois.
- Dans une pièce chaude ou une serre tempérée, semez des tomates et toutes sortes de courges.
- Greffez ou surgreffez en lune montante les pommiers ou poiriers avant que les bourgeons ne commencent à gonfler.
- Semez en pleine terre, sous voile, ou repiquez en fin de mois, physalis, courgettes, courges, potirons, poivrons, melons, concombres et piments dans les régions au climat doux. Au Nord de Paris, semez encore en godet à l'abri.

Pour la biodiversité au jardin

En période-fleur, semez des engrais verts (phacélie, moutarde, lin, etc.) pour offrir la floraison aux abeilles.

Calendrier phénologique

Forsythias, prunelliers, cerisiers, primevères sont en pleine floraison. Magnolias et anémones des bois achèvent la leur. Les feuilles apparaissent enfin sur la plupart des arbres. L'ail des ours couvre les sous-bois.

Début avril, la serre regorge de jeunes pousses des légumes-fruit d'été : tomates, courges, aubergines…

Pratiquer la biodynamie

La décoction de prêle d'après Maria Thun*

Pour élaborer une décoction de prêle des champs, nous mettons 10 g de plante séchée dans 2 l d'eau froide et nous portons le tout à ébullition. Il faut laisser bouillir 20 min puis laisser la décoction refroidir. Ensuite, nous ajoutons 8 l d'eau et nous brassons bien durant 10 minutes. La décoction est filtrée puis pulvérisée préventivement au printemps et à l'automne sur le sol et aussi sur les plantes attaquées en été (10 l pour 100 m²). Si les arbres présentent une attaque de champignons, il faut pulvériser sur le tronc et les grosses branches. Dans les cas difficiles, on peut répéter le traitement trois soirs de suite.

Vendredi et samedi saints*

Nous avons pu constater à de nombreuses reprises que le vendredi et le samedi saints ne sont pas des jours favorables pour les semis et les plantations. Les semis germent mal, les plantes transplantées végètent et meurent souvent.

Élaborer les préparations

Le matin, en période-fleur de préférence, récolter les fleurs de pissenlit et, dans les régions les plus méridionales, les fleurs de camomille.

Après Pâques, réaliser les préparations d'achillée, d'ortie, de silice de corne et le compost de bouse. Sortir de terre les préparations d'ortie, de camomille, d'achillée, d'écorce de chêne, de pissenlit ainsi que la bouse de corne. Privilégier les périodes-fleur, éviter les périodes-feuille et défavorables.

** Textes extraits du livre « Pratiquer la biodynamie au jardin » de M. Thun, aux éditions du MABD.*

Utiliser les préparations

- Quelques gouttes de préparation de valériane dynamisées 20 minutes renforcent la résistance des plantes au froid. Pulvériser le soir ou le lendemain matin tôt sur les arbres fruitiers en cas de gel faible.
- Pulvériser la bouse de corne à la reprise des terres et aux semis ainsi que sur les prairies et les vergers.
- Pulvériser le compost de bouse après chaque apport de matière organique dans le sol (épandage de compost ou enfouissement d'engrais vert).
- Pulvériser la silice de corne sur les premières cultures lorsqu'elles sont bien implantées, sur les prairies lorsque l'herbe a poussé et au moins 8 jours après l'utilisation de la bouse de corne, sur les fruitiers lorsque les fruits sont formés, sur les céréales après le stade 3 feuilles.

Prévention des maladies et ravageurs

- Incinérez ou réalisez un purin de limaces ou d'escargots le 20, ou le 21 avant 11 h.
- Pleine lune et périgée sont très proches, cela pourrait favoriser les maladies cryptogamiques, suivez les traitements préventifs avec attention.
- Traitez les fruitiers et surtout les pêchers en prévention de la cloque à l'aide d'une décoction de prêle. (voir p. 32, 69 et 99)

La décoction de prêle des champs prévient les maladies cryptogamiques.

Les phénomènes astronomiques et la météo

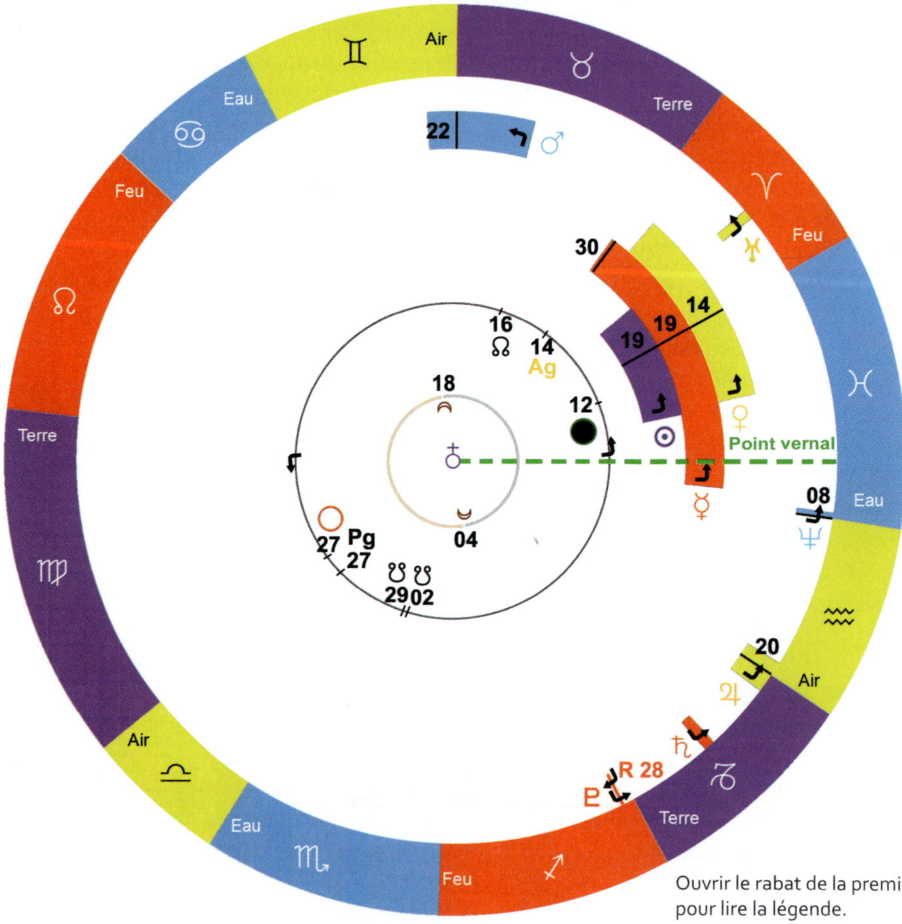

Ouvrir le rabat de la première page pour lire la légende.

Observer les planètes

Mercure et Vénus sont ce mois trop « proches » du soleil pour être visibles. Mars apparaît toujours dans le ciel du soir, de plus en plus proche de l'horizon à l'Ouest. En fin de mois elle apparaît vers 21 h 30 à une quarantaine de degrés au-dessus de l'horizon quasiment plein Ouest et se couche vers 1 h 30 du matin au Nord-Ouest. Jupiter et Saturne se lèvent toujours un peu avant le Soleil sur l'horizon à l'Est-Sud-Est. En fin de mois elles apparaissent vers 4 h du matin et s'élèvent d'une bonne quinzaine de degrés en direction du Sud avant de disparaître dans l'aurore.

Les éléments stimulés par les planètes (voir le tableau page suivante)

Jusqu'au 8 la situation reste la même que fin mars puis l'élément Eau prend légèrement le pas sur l'élément Terre avec l'entrée de Neptune devant les Poissons. Mais cette situation ne dure que jusqu'au 14 où l'élément Feu commence à prendre plus d'importance grâce au passage de Vénus devant le Bélier. Il devient nettement dominant à partir du 19 lorsque le Soleil et Mercure la rejoignent et laissent Neptune comme unique soutien à l'élément Eau. Avec l'entrée de Jupiter dans le Verseau le 20 et de Mars dans les Gémeaux le 22, l'élément Air prend de l'importance en fin de mois au détriment de l'élément Terre qui n'est plus soutenu que par la présence de Saturne devant le Capricorne.

Ouvrir le rabat de la dernière page de couverture pour lire la légende.

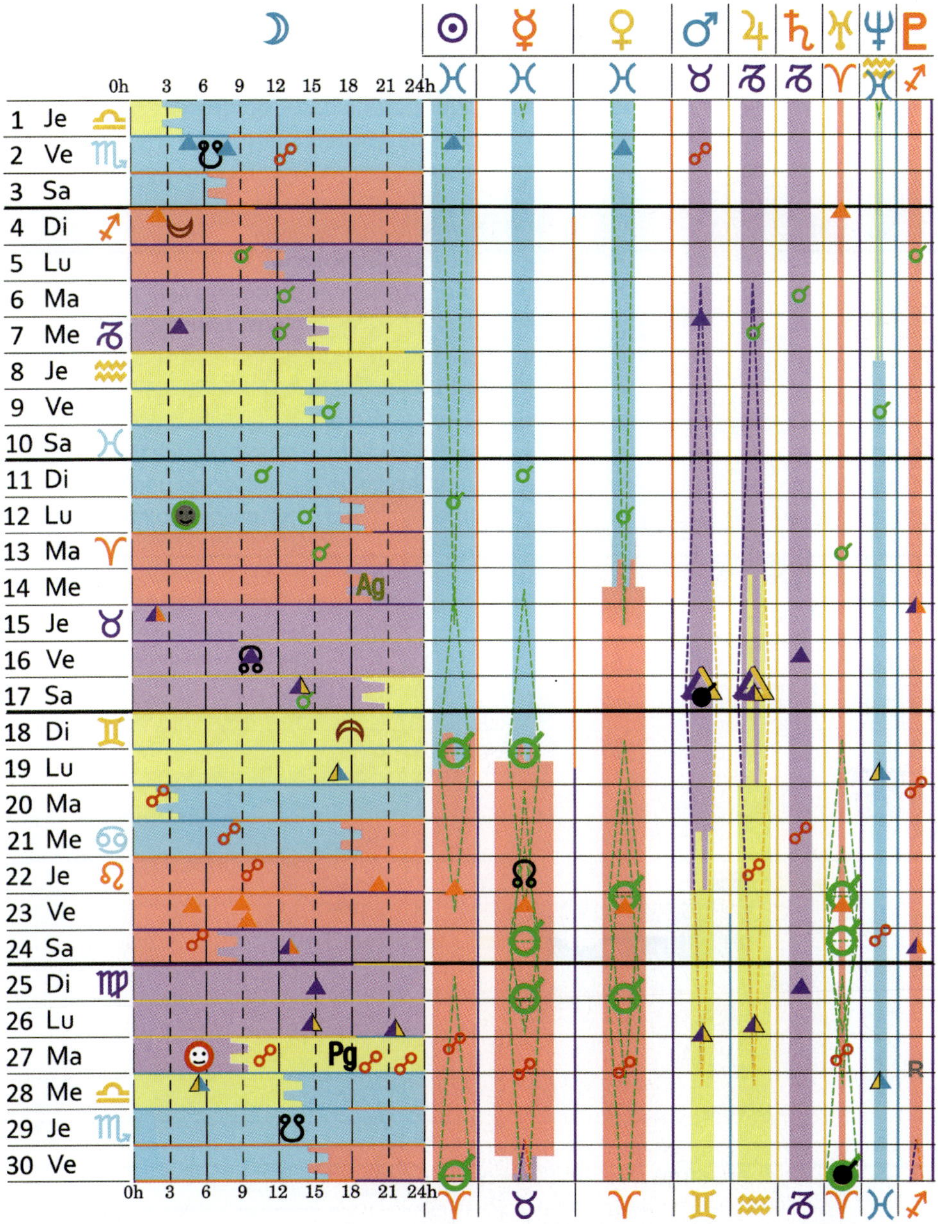

Voici les conditions météo les plus fréquemment observées lors de périodes ayant des positions astronomiques similaires :

Jusqu'au 18 : mêmes conditions que fin mars, avec une humidité encore plus marquée / perturbations apportant plus de bruines et crachins / températures plutôt fraîches pour la saison.

À partir du 19 : températures printanières supérieures aux moyennes saisonnières / retour de la lumière / évolutions orageuses possibles dans les régions liées à l'élément Chaleur / temps plutôt instable.

N.B. : Les couleurs du texte se rapportent à celles des courbes visibles sur les tableaux des deux premières pages du mois.

Mai 2021

Astronomie — Planètes ☽ ☽ — ☉ ♈

Semaine	Astronomie	Jour	Heures (0h–24h)	Période de plantation	Notes
Semaine 18	♐	1 Sa	0h	11h	
		2 Di	19		
	♑	3 Lu			
		4 Ma	22		
	♒	5 Me			
		6 Je	22		
	♓	7 Ve			
		8 Sa	11		
Semaine 19	♀ ☊	9 Di			
	♈	10 Lu	5		
	Ag	11 Ma	16		☻ 21h
	△	12 Me	4, 22		
	● ☊ ♉	13 Je	3, 9, 16		Ascension
		14 Ve			
		15 Sa	3		
Semaine 20	● ♊	16 Di	5, 9	1h	
		17 Lu	11		
	♋	18 Ma			
		19 Me	2, 16		
	△ ♌	20 Je	11		
		21 Ve	17		
	♍	22 Sa			
Semaine 21		23 Di			Pentecôte
		24 Lu	21		
	♎	25 Ma	16		
	Pg ☍ ☋ ♏	26 Me	11, 16, 18		☺ 13h Éclipse de Lune à 13h
		27 Je	1		
	♐	28 Ve	3	21h	
		29 Sa	18		
Semaine 22	☿ ☋	30 Di			
	♑	31 Lu	6		

Période de plantation

♉

Pour lire facilement les indications de ce tableau, ramener le rabat de la dernière page de couverture sur la page suivante. Pour plus d'explications, voir aussi les pages 3 et 4.

Météorologie

Voir à la page 5 comment les courbes proposées en couleur de fond de ces deux pages peuvent permettre de prévoir des tendances météo.

En dernière page du mois vous trouverez le tableau astronomique qui précise l'origine des données de ces deux pages ainsi qu'une interprétation possible de ces courbes.

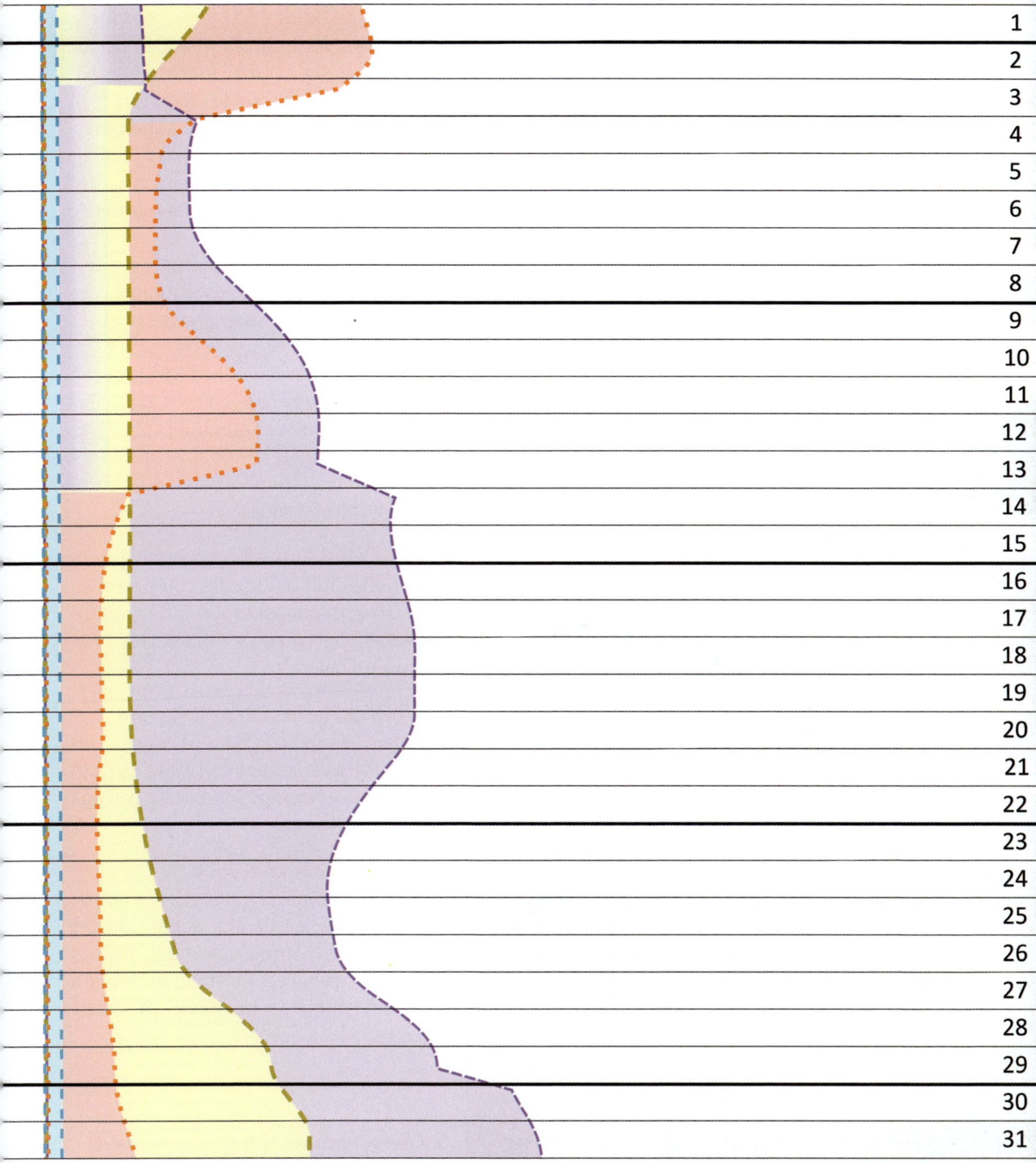

A faire au jardin et au verger

En période-racine

- Poursuivez les semis de légumes-racine (voir mois d'avril). Privilégiez les périodes-racine à partir du 15 mai, en particulier pour les légumes de conservation.
- Plantez les pommes de terre, lorsqu'elles pointent, enterrez les jeunes pousses en ramenant de la terre en butte ou en accumulant autour d'elles des déchets végétaux du jardin.
- Plantez 2 ou 3 racines de topinambour dans un coin du potager.
- Sarclez entre les rangs et éclaircissez sur les lignes de carottes, navets, radis...

En période-fleur

- Taillez aussitôt la floraison passée les buissons à fleurs précoces (forsythia, groseillier sanguin).
- Plantez et semez des brocolis à jet et du fenouil.
- Semez en pleine terre les annuelles et vivaces aromatiques ou comestibles. Intercalez-les avec les autres cultures.

En période-feuille

- Semez en pleine terre persil, toutes sortes de salades, arroche, épinards, tétragone, choux (fleurs, raves, pommés, de Bruxelles, romanesco), bettes, poireaux d'hiver, persil et cerfeuil.
- Divisez les pieds de ciboulette pour rajeunir votre culture.

En période-fruit

- Dans le Nord de la France, mieux vaut attendre mi-mai avant d'implanter à l'extérieur tous les légumes-fruit d'été (tomates, poivrons, aubergines, courges...).
- Semez en pleine terre des pois, des haricots, du maïs doux, toutes sortes de courges et courgettes...
- Greffez (en lune montante) les pommiers, les poiriers, les pruniers, les noyers, la vigne, les cognassiers et les groseilliers.
- Posez des pièges à mouche de la cerise et des bandes de carton ondulées autour du tronc des pommiers pour piéger le carpocapse.
- Palissez les framboisiers qui commencent à s'allonger.

Pour la biodiversité au jardin

En période-fruit, semez des tournesols en lisière de potager pour fournir de grandes quantités de graines appréciées des oiseaux en hiver.

C'est aussi le bon moment pour

Scarifier le gazon pour éliminer les mousses. Pailler les jeunes plants surtout s'il fait sec, en temps humide le paillage favorise les limaces.

Calendrier phénologique

Le martinet noir et le loriot sont de retour début mai. Sur les plantes, apparition des « crachats de coucou » secrétés par les larves de cicadelles. Fin mai, apparition du cétoine doré, très beau coléoptère aux couleurs métalliques.

Quel bonheur d'observer toute la vigueur d'un haricot germant dans un sol vivifié par les pratiques biodynamiques !

Pratiquer la biodynamie

La dynamisation des préparations

Pour déployer tous leurs effets, les préparations biodynamiques sont pulvérisées après dynamisation dans l'eau par un brassage (1 h pour la bouse et la silice de corne, 20 min pour le compost de bouse). La formation du vortex (tourbillon) est énergique mais ne cause pas de projections d'eau. Le brassage doit aller du bord du récipient vers l'intérieur, pas du centre vers l'extérieur. Les pentes de l'entonnoir formé sont les plus rectilignes possible, sans former d'épaulement. Le vortex, aussi profond que possible, touche presque le fond du récipient. Le chaos doit être vigoureux. Nous recherchons un rythme actif et musical, sans pauses.

Récipient : idéalement, le récipient de brassage devrait être en cuivre, en poterie de grès (sans plomb), en fer étamé ou émaillé. Il doit être bien propre et ne jamais avoir contenu de produit chimique. Il doit être plus haut que large, une forme légèrement conique est possible. Le volume total du récipient correspond au double du volume à brasser pour permettre une bonne formation du vortex.

Élaborer les préparations

Le matin, en période-fleur de préférence, récolter les fleurs de camomille. Le « cœur » de la fleur doit être assez plat, bombé il est le signe d'une maturité trop avancée, il ne restera que des graines après séchage.

Utiliser les préparations

- Pulvériser la bouse de corne à la reprise des terres et aux semis.
- Pulvériser le compost de bouse après chaque apport de matière organique dans le sol (épandage de compost ou enfouissement d'engrais vert).
- Pulvériser la silice de corne sur les cultures bien implantées, sur les fruitiers lorsque les fruits sont formés, sur les céréales après le stade 3 feuilles et à la montaison, et sur les prairies.

Prévention des maladies et ravageurs

- Incinérez ou réalisez un purin de limaces ou d'escargots le 17 après 11 h ou le 18.
- Incinérez les chenilles de cocheylis et eudémis (papillons de nuit) du 6 à 22 h au 8 à 11 h.
- Incinérez les mites et teignes des abeilles le 10 et le 11.
- Incinérez les varroas, les doryphores, les charançons et tous les coléoptères nuisibles le 14.
- Incinérez les vers gris (larves de noctuelles) le 27
- Pleine lune et périgée tombant le 26, suivez avec attention les traitements préventifs contre les maladies cryptogamiques (décoction de prêle, tisane d'osier ou de reine-des-prés...). (voir p. 69, 32 et 99)

Fauche du foin (en mai ou juin) : en période-fleur, particulièrement lorsque la Lune se trouve devant les Gémeaux ♊.

La dynamisation peut se faire à l'aide d'un bâton ou directement à la main.

Les phénomènes astronomiques et la météo

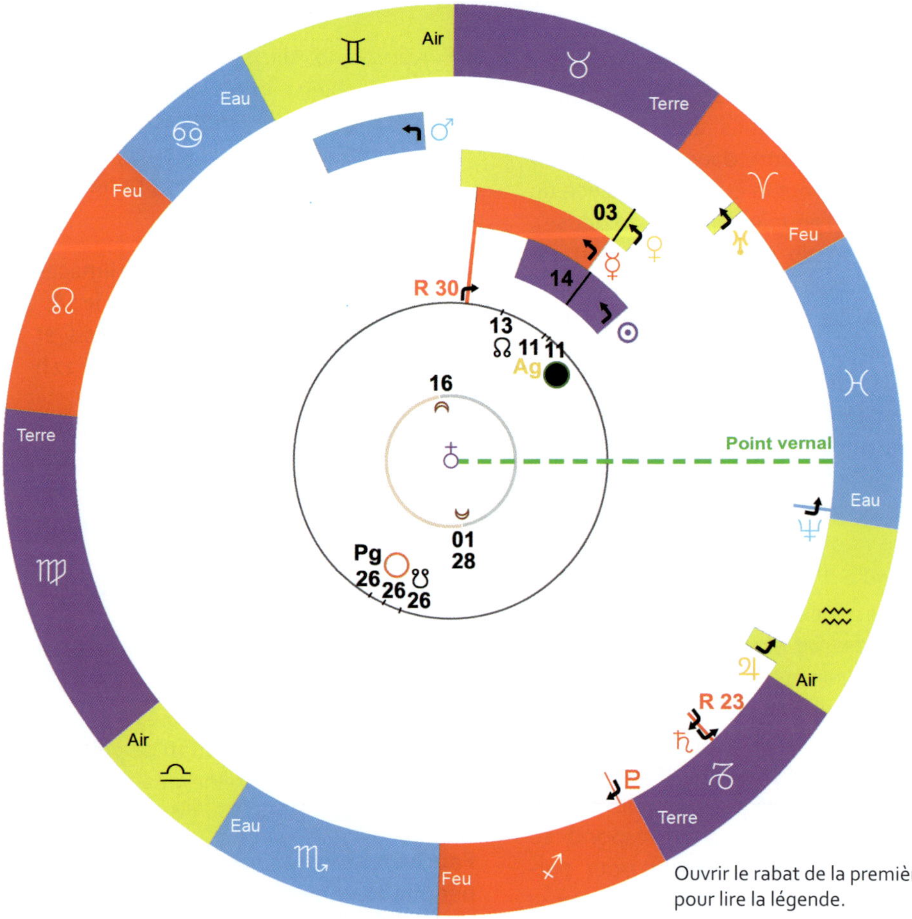

Ouvrir le rabat de la première page pour lire la légende.

Observer les planètes

Mercure et Vénus ayant « dépassé » le Soleil, elles commencent à devenir observables dans la lumière du crépuscule à partir du milieu du mois. Vers 22 h, Vénus bien plus brillante, apparaît alors très près de l'horizon et Mercure à une dizaine de degrés de hauteur puis elles se couchent bien vite. En toute fin de mois Mercure n'est plus visible. Vénus apparaît alors à une dizaine de degrés de hauteur et se couche une heure plus tard au Sud-Ouest. La course de Mars devient de plus en plus courte, en fin de mois nous la verrons apparaître juste après Vénus mais plus haut dans le ciel, à plus de vingt degrés, et un peu plus à l'Ouest. Elle se couche alors vers 1 h du matin. Jupiter et Saturne se lèvent toujours plus tôt, en fin de mois vers 2 h 30 à l'Est-Sud-Est. Nous pouvons alors observer leur ascension vers l'Ouest jusqu'à une hauteur de plus de vingt degrés avant qu'elles ne disparaissent dans la lumière de l'aube.

Les éléments stimulés par les planètes (voir le tableau page suivante)

Dès le début du mois l'élément Feu perd de son importance, Mercure et Vénus quittent en effet le Bélier pour entrer dans le Taureau, redonnant ainsi vigueur à l'élément Terre. Lorsque le Soleil les rejoint le 14, l'élément Terre redevient amplement dominant et l'élément Feu n'est plus soutenu que par Uranus et Pluton. Durant tout le mois, l'élément Air est toujours relativement bien soutenu par Mars et Jupiter, et l'élément Eau ne bénéficie que du soutien de Neptune devant les Poissons.

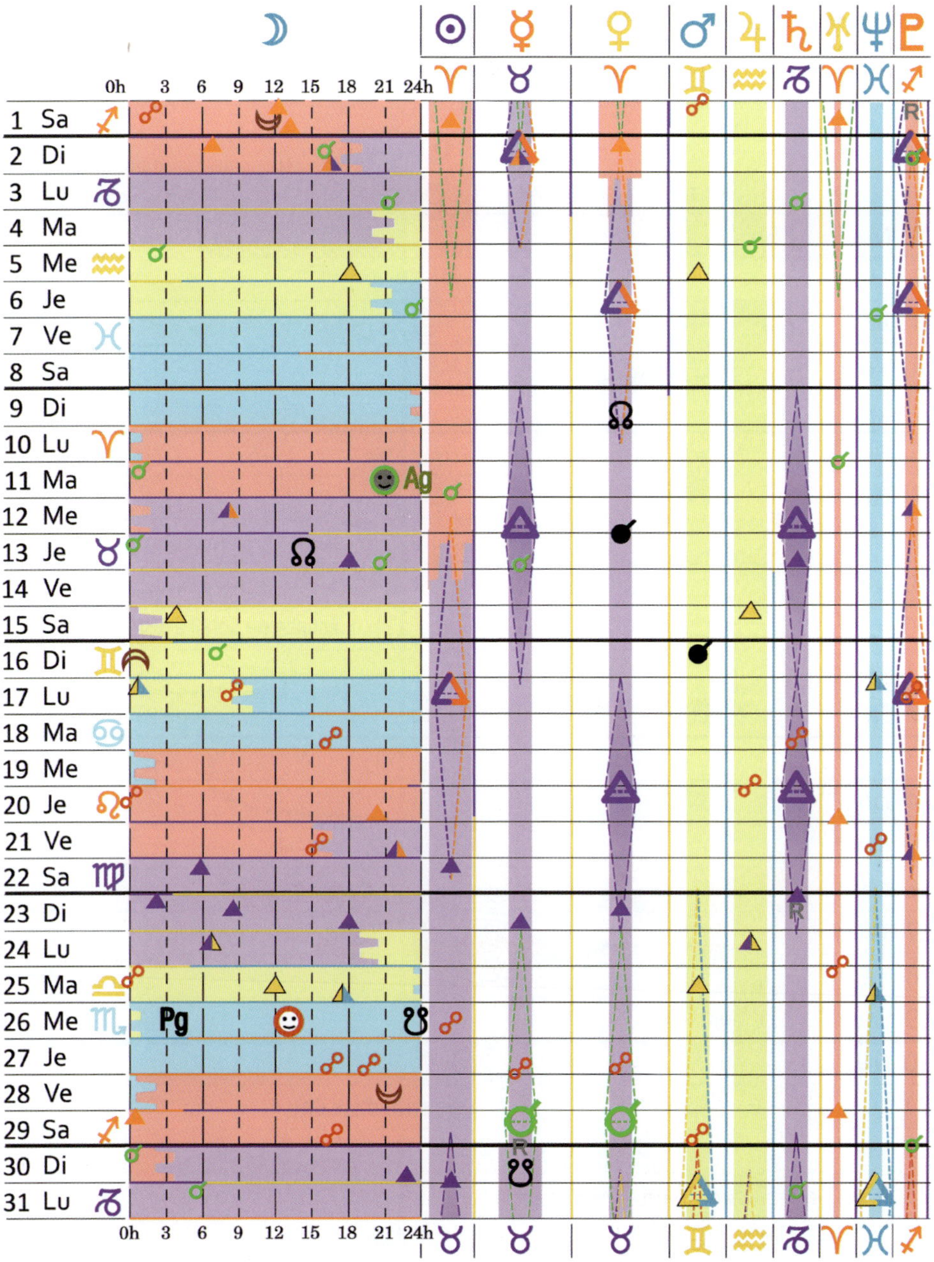

Ouvrir le rabat de la dernière page de couverture pour lire la légende.

Voici les conditions météo les plus fréquemment observées lors de périodes ayant des positions astronomiques similaires :

Jusqu'au 3 : mêmes conditions que fin avril.

Du 4 au 13 : températures plus fraîches, dans les moyennes saisonnières / brouillards matinaux possibles / incertitude quant à la stabilité des masses d'air.

Du 14 au 31: températures encore plus fraîches, au-dessous des moyennes saisonnières / brouillards matinaux fréquents / éclaircies plus fréquentes en fin de mois / incertitude quant à la stabilité des masses d'air.

N.B. : Les couleurs du texte se rapportent à celles des courbes visibles sur les tableaux des deux premières pages du mois.

Juin 2021

Astronomie

Planètes ☽ ☽

☉ ♉

Symboles	Semaine	Jour	0h 3 6 9 12 15 18 21 24h		
♑	Semaine 22	1 Ma	5h		
♒		2 Me			
△		3 Je	4 11 18		
△ ♓		4 Ve	8		
		5 Sa			
	Semaine 23	6 Di	7		
♈		7 Lu	20		
Ag		8 Ma	9		
☊ ♉		9 Me	15 – – 22		
●		10 Je	9 – – 16		☺ 13h Éclipse de Soleil à 13h
		11 Ve	9		
● ♊		12 Sa	7 – 11	6h	
	Semaine 24	13 Di	16	Période de plantation	
♋		14 Lu			
		15 Ma	8		
♌		16 Me			
		17 Je			
♍		18 Ve	0		
		19 Sa			
	Semaine 25	20 Di			
		21 Lu	6		Solstice d'été 6h
♎		22 Ma	11		
△ ☋ Pg ♏		23 Me	0 – 4 – – – 11 – – – – –		
		24 Je	0 13		☺ 21h
♐		25 Ve		7h	
		26 Sa	14		
♑	Semaine 26	27 Di			
		28 Lu	14		
♒		29 Ma			
		30 Me	12		

0h 3 6 9 12 15 18 21 24h

♊

Pour lire facilement les indications de ce tableau, ramener le rabat de la dernière page de couverture sur la page suivante. Pour plus d'explications, voir aussi les pages 3 et 4.

Météorologie

Voir à la page 5 comment les courbes proposées en couleur de fond de ces deux pages peuvent permettre de prévoir des tendances météo.
En dernière page du mois vous trouverez le tableau astronomique qui précise l'origine des données de ces deux pages ainsi qu'une interprétation possible de ces courbes.

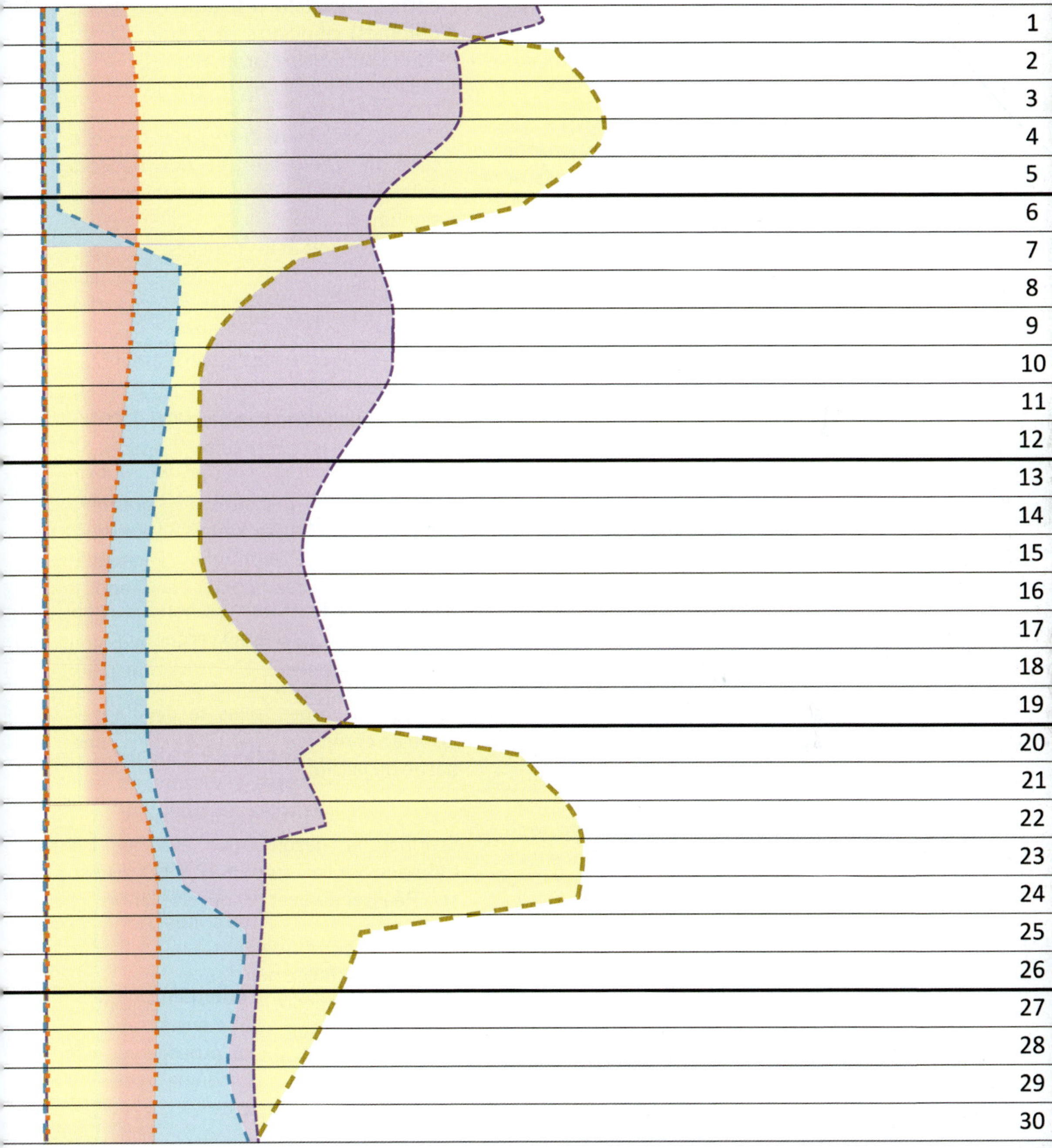

A faire au jardin et au verger

En période-racine

- Buttez les pommes de terre. Étalez des feuilles de consoude dans les creux des sillons, pour apporter du potassium.
- Éclaircissez les semis de radis, betteraves, panais, etc.
- Si vous poursuivez les semis de légumes-racine, privilégiez la période allant jusqu'au 18 pour les légumes de conservation.

En période-fleur

- Continuez la taille des arbustes à fleurs plus tardives (seringas, deutzias, weigélias, kerrias) en coupant à leur base les rameaux défleuris.
- Semez et plantez des brocolis à jet et du fenouil.
- Nettoyez vos rosiers à mesure que les fleurs fanent. Pour les rosiers « non remontants » (anciens), mieux vaut attendre la fin de floraison et couper les branches près de leur base.

En période-feuille

- Repiquez les jeunes poireaux semés au début du printemps. Recoupez racines et feuillages pour favoriser la reprise. Pralinez-les.
- Commencez à semer des choux de Chine (en terre forte et humide).
- Semez bettes, laitues, chicorées scarole et frisée, arroche, roquette, épinards, persil, pourpier, cerfeuil et choux (raves, fleurs).
- Semez aussi des engrais verts (phacélie, moutarde, lin, etc.).
- Repiquez laitues, chicorées scaroles, bettes, choux (raves, brocolis, fleurs, pommés) ciboulette et autres plantes condimentaires et aromatiques.

En période-fruit

- Semez en pleine terre une nouvelle série de courgettes et des haricots nains (étalez les semis toutes les trois semaines).
- Buttez les pois et les haricots.
- Taillez les tomates à mesure de leur croissance et arrosez-les seulement 1 à 2 fois par semaine pour les forcer à allonger leurs racines en profondeur.
- Tuteurez concombres et cornichons pour gagner de la place et bien exposer les fruits.
- Plantez tomates, courgettes, aubergines, poivrons, piments et cucurbitacées de différentes variétés (potirons, potimarrons, butternuts, pâtissons, patidoux...).
- Éclaircissez les fruits trop nombreux ou atteints de maladies au verger.

Pour la biodiversité au jardin

Laissez les herbes folles se développer jusqu'à complète maturité dans une partie du jardin.

C'est aussi le bon moment pour

Scarifier le gazon pour éliminer les mousses. Pailler, surtout si le temps est sec. Réaliser purin et tisanes de plantes.

Calendrier phénologique

Le tilleul, l'achillée millefeuille, la valériane ou encore le châtaignier sont en pleine floraison.

Les fleurs égaient le jardin et sont très bénéfiques aux insectes pollinisateurs.

La pulvérisation des préparations

Après dynamisation, les préparations biodynamiques sont pulvérisées selon des modalités différentes si elles s'adressent au sol (bouse de corne et compost de bouse) ou à la plante (silice de corne). Si on utilise un pulvérisateur, il doit être propre et ne jamais avoir contenu de produits de traitement du commerce, même « bio ».

Bouse de corne et compost de bouse se pulvérisent à grosses gouttes. Le jardinier peut utiliser une simple balayette en fibres naturelles (coco). Si on utilise un pulvérisateur, la pression doit rester faible. Il ne s'agit pas d'un arrosage, une quantité de 50 l/ha est suffisante (5 à 10 l pour un jardin).

La préparation bouse de corne devrait être appliquée au moins deux fois par an, en général au printemps et à l'automne, un peu avant que l'activité biologique des sols ne soit la plus intense, lorsque la chaleur et l'humidité sont suffisantes. Chacun doit juger des conditions dans son propre lieu.

Comme pour le compost de bouse, l'application devrait se faire dans la soirée, par un jour ni trop venté, ni trop chaud; une fin d'après-midi un peu couverte est idéale. On évite de pulvériser sous la pluie ou si une grosse pluie est prévue immédiatement après l'épandage. Une période-racine en lune descendante est optimale.

La silice de corne se pulvérise a contrario en un très fin brouillard autour des plantes. Il ne s'agit pas d'un « produit de traitement » qui s'applique directement sur le feuillage, nous recherchons plutôt la création d'une atmosphère enveloppante autour des plantes en dirigeant le jet vers le haut. Pour cela, les buses du pulvérisateur sont très fines et la pression élevée (voir aussi p.57 pour les moments de pulvérisation).

Élaborer les préparations

Le matin, en période-fleur de préférence, récolter les fleurs de camomille en début de mois et celles de valériane et d'achillée autour de la Saint-Jean.

Utiliser les préparations

- Pulvériser la bouse de corne après les repiquages et sur les prairies après la première coupe.
- Pulvériser la silice de corne sur les cultures bien développées, sur les fruitiers lorsque les fruits sont formés, sur les céréales après le stade 3 feuilles et à la montaison-floraison et sur les prairies lors de la première repousse.

Prévention des maladies et ravageurs

- Incinérez ou réalisez un purin de limaces du 13 à 16 h au 15 à 7 h, période **particulièrement favorable**.
- Incinérez les papillons diurnes (piérides), mouches, sauterelles et criquets du 11 à 9 h au 13 à 15 h (en dehors de la période grisée) période **particulièrement favorable**.
- PL et Pg sont toujours proches, poursuivez les traitements préventifs contre les cryptogames.

(voir p. 69, 32 et 99)

La pulvérisation de la bouse de corne ou du compost de bouse peut se faire à l'aide d'une simple balayette.

Les phénomènes astronomiques et la météo

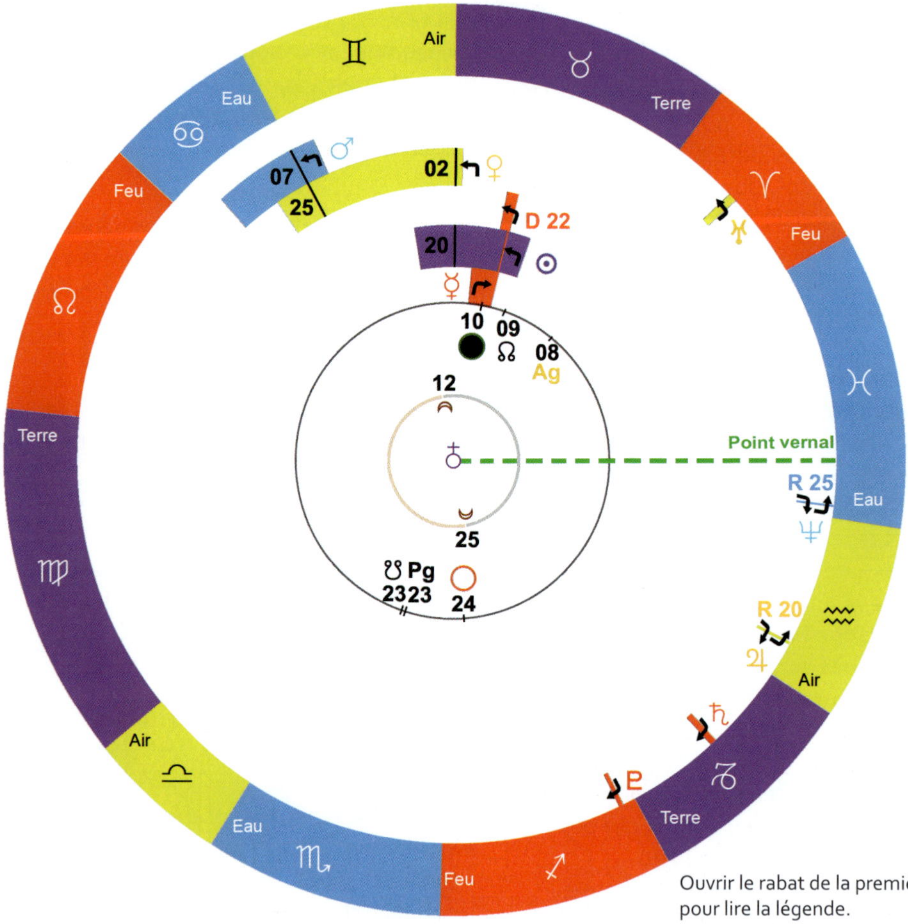

Ouvrir le rabat de la première page pour lire la légende.

Observer les planètes

Le crépuscule offre encore le spectacle de l'apparition de Vénus et de Mars, de plus en plus proches l'une de l'autre, Mars apparaissant de plus en plus bas et Vénus de plus en plus haut. En fin de mois, avec les jours qui s'éternisent, ce spectacle sera cependant de courte durée, le coucher de ces deux planètes ayant lieu vers 23 h 30. Mercure en conjonction avec le Soleil le 11, reste invisible. En revanche Jupiter et Saturne dominent le ciel, apparaissant toujours plus tôt après le coucher du Soleil. En fin de mois nous pourrons observer toute leur ascension. Elles se lèveront autour de minuit (Jupiter en première) au Sud-Est pour disparaître au petit jour à une trentaine de degrés de hauteur au-dessus de l'horizon Sud pour Jupiter, un peu plus bas et plus à l'Ouest pour Saturne.

Les éléments stimulés par les planètes (voir le tableau page suivante)

Avec l'entrée de Vénus dans les Gémeaux le 2 et le trigone qu'elle forme avec Jupiter le 4, l'élément Air domine les 7 premiers jours du mois. Mars rejoint ensuite le Cancer et l'élément Eau se voit ainsi enfin un peu plus soutenu. Les éléments Terre et Air, jouant jeu égal, restent cependant prépondérants jusqu'au 20. L'élément Air alors stimulé par le Soleil et un trigone, devient majeur durant 4 jours. Vénus passant devant le Cancer le 25, la fin du mois voit un certain équilibre entre les influences des éléments Air, Eau et Terre. L'élément Chaleur n'est soutenu que par Uranus et Pluton respectivement devant le Bélier et le Sagittaire.

Ouvrir le rabat de la dernière page de couverture pour lire la légende.

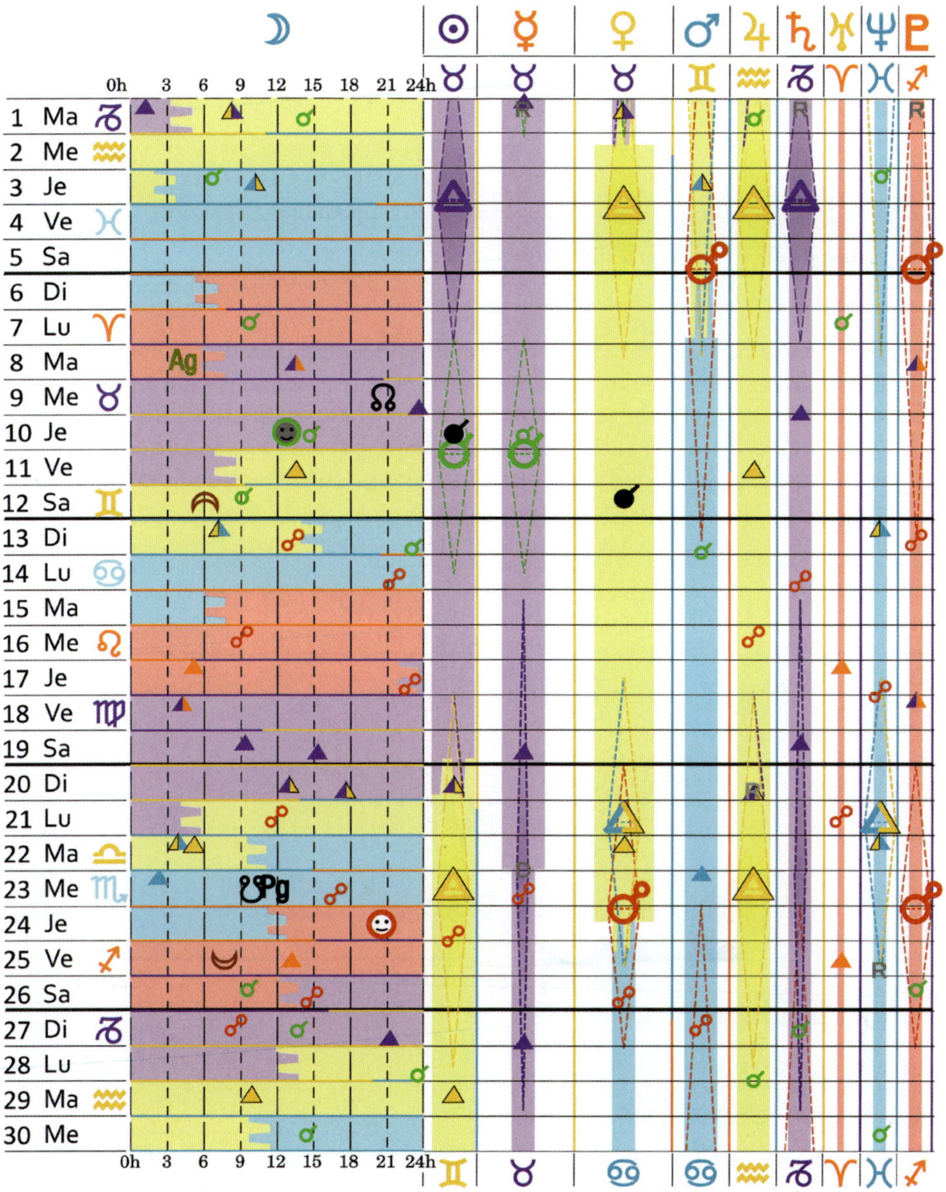

Voici les conditions météo les plus fréquemment observées lors de périodes ayant des positions astronomiques similaires :

Du 1er au 6 : brouillards matinaux encore fréquents avec cependant un ciel plus dégagé, plus venté, et montée des températures diurnes / incertitude quant à la stabilité des masses d'air.

Du 7 au 19 : brouillards encore fréquents / éclaircies moins nombreuses / températures plus fraîches / incertitude quant à la stabilité des masses d'air.

Du 20 au 29 : ciel plus dégagé, plus venté, avec montée des températures diurnes / masses d'air plus stables avec gonflement des anticyclones.

Le 30 : retour de plus d'humidité.

N.B. : Les couleurs du texte se rapportent à celles des courbes visibles sur les tableaux des deux premières pages du mois.

Juillet 2021

Astronomie / Planètes	☽	Semaine	Jour	0h – 24h	Période de plantation	⊙ ♊
	♓	Semaine 26	1 Je			
			2 Ve			
			3 Sa	14h		
	♈	Semaine 27	4 Di			
Ag			5 Lu	8 – 21		
	♉		6 Ma	21-		
☊			7 Me	- 4		
			8 Je	16		
	♊		9 Ve		12h	
			10 Sa	22		☺ 3h
	♋	Semaine 28	11 Di			
△			12 Lu	11		
	♌		13 Ma	5		
			14 Me			
			15 Je	6		
	♍		16 Ve			
			17 Sa			
		Semaine 29	18 Di	11 - - - - -		
☿☊	♎		19 Lu	- - - - - - - - - - - -23		
☋	♏		20 Ma	11 - - 19		
Pg			21 Me	0 - - - - - - - - - - - -		
♂	♐		22 Je	0 4 18	17h	
			23 Ve			
	♑		24 Sa	0		☺ 4h
		Semaine 30	25 Di			
	♒		26 Lu	0		
			27 Ma	21		
	♓		28 Me			
♂			29 Je	11 22		
			30 Ve	22		
	♈		31 Sa			

0h 3 6 9 12 15 18 21 24h

♋

Pour lire facilement les indications de ce tableau, ramener le rabat de la dernière page de couverture sur la page suivante. Pour plus d'explications, voir aussi les pages 3 et 4.

Météorologie

Voir à la page 5 comment les courbes proposées en couleur de fond de ces deux pages peuvent permettre de prévoir des tendances météo.
En dernière page du mois vous trouverez le tableau astronomique qui précise l'origine des données de ces deux pages ainsi qu'une interprétation possible de ces courbes.

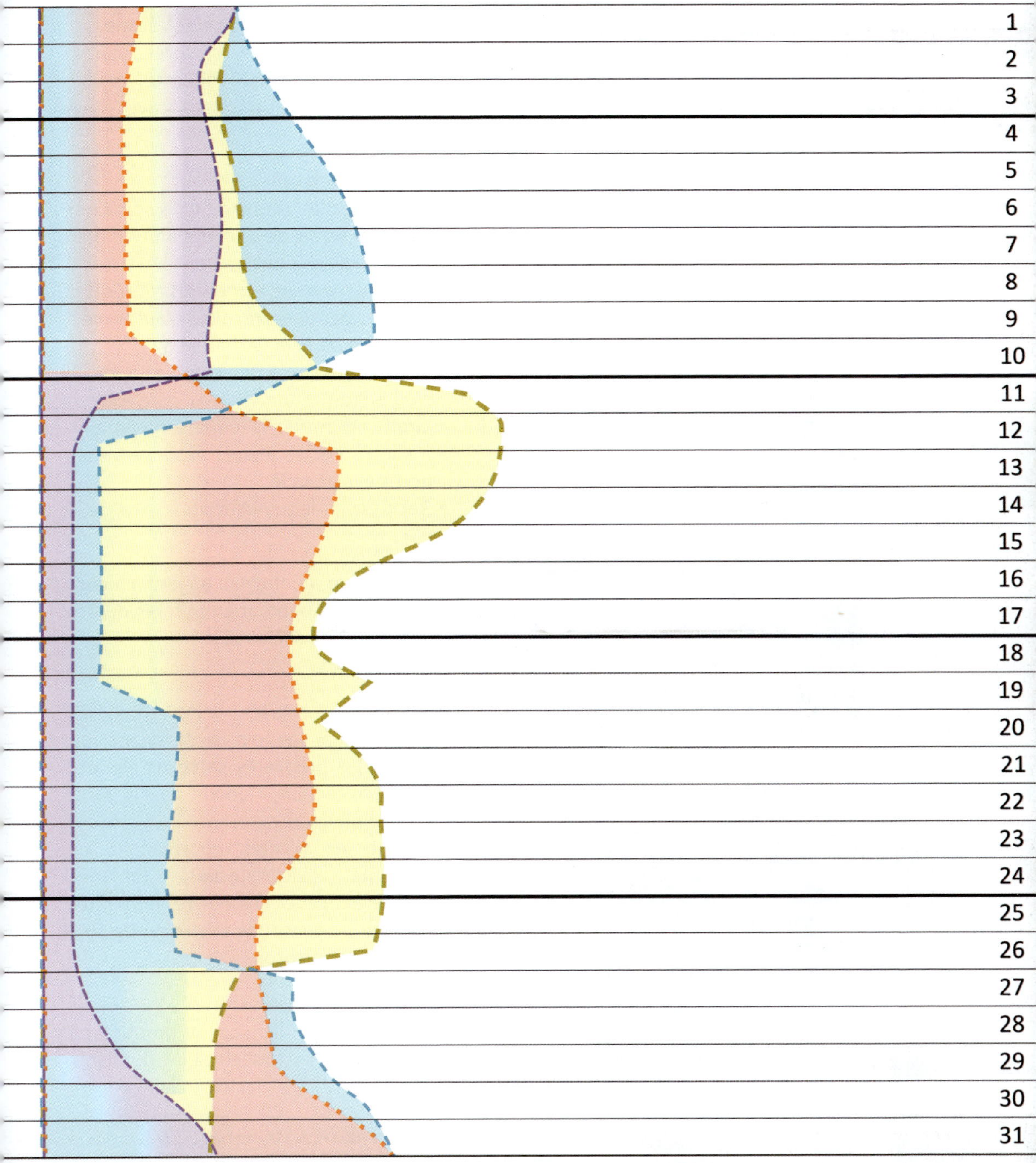

A faire au jardin et au verger

En période-racine

- Semez des radis, des navets et des carottes. Maintenez les semis humides.
- Sarclez entre les rangs de légumes-racine et éclaircissez si nécessaire sur les lignes.
- Récoltez des radis, des carottes, des navets et des betteraves rouges, des pommes de terre, des oignons, de l'échalote pour la consommation courante.

En période-fleur

- Semez en pleine terre des brocolis, à jet des bisannuelles et des vivaces.
- Greffez les rosiers, le tulipier, le lilas, le cognassier du Japon, le magnolia, le camélia, le sorbier...
- Bouturez les hortensias, les forsythias et autres arbustes à fleurs (viorne, buddleia, sureau, etc.).
- Taillez les arbres et arbustes qui ont terminé leur floraison.
- **Fauche tardive des foins :** particulièrement lorsque la Lune est devant les Gémeaux ♊.

En période-feuille

- Récoltez, le matin de préférence, des salades, du chou-rave, de la roquette, des épinards et du persil.
- Repiquez, en période de plantation et en soirée, des laitues, chicorées scaroles, poireaux, bettes, choux (rave, brocoli, fleur, pommé), de la ciboulette et autres plantes condimentaires et aromatiques.
- Semez la chicorée rouge de Vérone.
- Semez de la laitue, chicorée scarole et frisée, arroche, roquette, persil, pourpier, cerfeuil et choux (rave, fleur, de Chine)

En période-fruit

- Maintenez le rythme de trois semaines pour les semis de haricots afin de bien répartir les récoltes.
- En début de mois, semez des courgettes pour les dernières récoltes d'automne.
- Buttez les pois et les haricots.
- Taillez le melon à deux feuilles après le fruit en formation.
- Greffez le poirier, le néflier et le prunier.
- Paillez sous les jeunes arbres fruitiers après avoir sarclé.
- Récoltez les légumes-fruit.

Pour la biodiversité au jardin

Maintenir un point d'eau au jardin aidera les oiseaux et petits mammifères durant les périodes de sécheresse.

C'est aussi le bon moment pour

Semer des engrais verts (phacélie, moutarde, lin, sainfoin, sarrasin, mélilot, etc.) sur les premières parcelles libérées par la récolte (pois, oignons, navets, radis par exemple).

Stimuler les plantes gourmandes en fertilisants (cucurbitacées, tomates, aubergines...) avec des extraits fermentés d'ortie ou de consoude à hauteur de 10 à 20 % dans les arrosoirs.

Calendrier phénologique

Le millepertuis, l'arnica et nombre de plantes sauvages sont en pleine floraison.

Brassez chaque jour vos purins de plantes, ils s'utilisent dès que la formation de mousse diminue.

Pratiquer la biodynamie

La qualité de l'eau de dynamisation

Pour réaliser des tisanes de plantes, mais surtout pour la dynamisation des préparations biodynamiques, la qualité de l'eau a une importance déterminante. On devrait utiliser de l'eau de pluie conservée dans de bonnes conditions, à l'abri de la lumière et au frais. Un jardinier peut conserver l'eau de pluie quelques semaines dans des bonbonnes de verre dans une cave. Lorsqu'on récupère l'eau de pluie, il faut veiller à ne pas récolter les trois ou quatre premiers mm de précipitation qui accumulent la pollution atmosphérique et la poussière des toits.

On peut aussi utiliser de l'eau limpide d'un cours d'eau ou d'une source non calcaire. Les eaux du réseau contiennent presque toutes du chlore, des nitrates et des pesticides divers. Si l'eau de la ville est la seule disponible, il faut la laisser séjourner dehors dans un récipient ouvert pendant plusieurs jours, en la brassant brièvement de temps à autre. Le pH idéal étant inférieur à 6,5, les eaux calcaires ou alcalines conviennent moins bien.

Enfin, pour assurer l'activité optimale des préparations biodynamiques, l'eau de dynamisation ne doit pas être trop froide. On peut la laisser réchauffer un jour ou deux au soleil, ou mieux, chauffer l'ensemble du volume sur une gazinière, ou même utiliser un chauffe-eau au gaz.

Élaborer les préparations

Le matin, en période-fleur de préférence, récolter les fleurs d'achillée et la prêle. Récolter, hacher et presser les fleurs de valériane, pour obtenir un jus que l'on mettra en bouteille.

Récolte de fleurs de valériane pour la préparation biodynamique.

Utiliser les préparations

- Pulvériser la bouse de corne au jardin après les repiquages et les semis, et sur les prairies après la première coupe.
- Pulvériser le compost de bouse après la fauche des engrais verts, sur les prairies après la première coupe.
- Pulvériser la silice de corne sur les cultures bien développées, sur les fruitiers et les céréales pour la maturation des fruits et des épis, sur les prairies lors de la première repousse.

Prévention des maladies et ravageurs

- Incinérez ou réalisez un purin de limaces ou d'escargots le 11, ou le 12 avant 11 h.
- Incinérez les papillons diurnes (piérides), mouches, sauterelles et criquets du 8 à 16 h au 10 à 21 h.
- Poursuivre les traitements préventifs contre les maladies cryptogamiques.

(voir p. 69, 32 et 99)

Semences de plantes-fleur : les récolter en période-fleur avant le 18.

Semences de plantes-fruit : les récolter en période-fruit, particulièrement lorsque la Lune est devant le Lion ♌.

Semences de plantes-feuille : les récolter en période-feuille.

Les phénomènes astronomiques et la météo

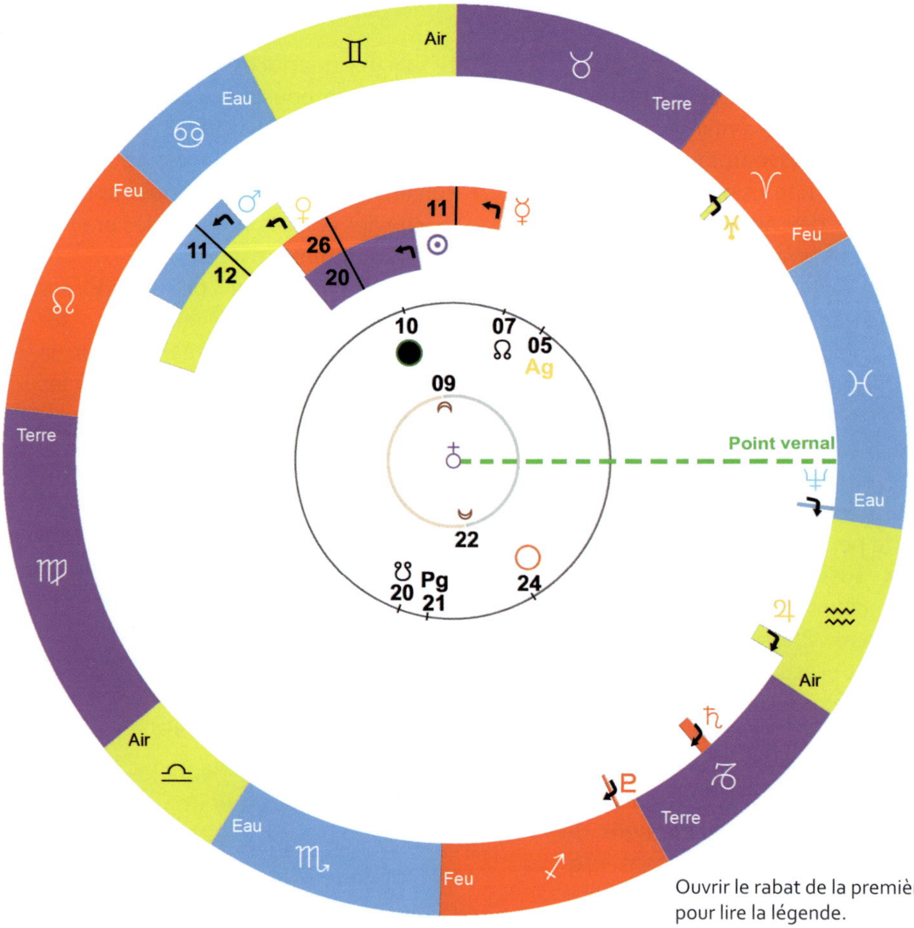

Ouvrir le rabat de la première page pour lire la légende.

Observer les planètes

Avec une nouvelle conjonction entre le Soleil et Mercure le 1er août, celle-ci reste toujours invisible durant ce mois. Le Soleil « rattrapant » Mars, nous ne pourrons plus voir le bel astre rouge que pendant quelques dizaines de minutes le soir en début de mois. Sa conjonction du 13 avec Vénus se tient très proche de l'horizon au Sud-Ouest et après cette date Mars ne sera quasiment plus visible. Vénus se couche de plus en plus tôt et de plus en plus vers l'Ouest. Elle reste toujours visible pendant une heure environ après le coucher du Soleil mais de moins en moins haut dans le ciel. Jupiter et Saturne poursuivent leur dynamique, se levant de plus en plus tôt. En fin de mois elles se lèvent alors que le Soleil se couche et disparaissent dans la lumière de l'aube peu avant leur coucher sur l'horizon Sud-Ouest. Nous pouvons alors observer presque tout leur trajet dans le ciel durant la nuit.

Les éléments stimulés par les planètes (voir le tableau page suivante)

L'équilibre de fin Juin se maintient durant la première décade. Le 11 Mercure passe devant les Gémeaux puis marque un trigone, l'élément Air prédomine ainsi jusqu'à ce que le Soleil quitte les Gémeaux le 19. Le 11 et le 12 Mars puis Vénus rejoignent le Lion, l'élément Feu devient prédominant entre le 19 et le 26. À cette date Mercure rejoint le Soleil devant le Cancer, l'élément Eau et l'élément Chaleur sont alors équivalents. L'élément Air ne reçoit plus que le soutien de Jupiter et l'élément Terre celui de Saturne.

Ouvrir le rabat de la dernière page de couverture pour lire la légende.

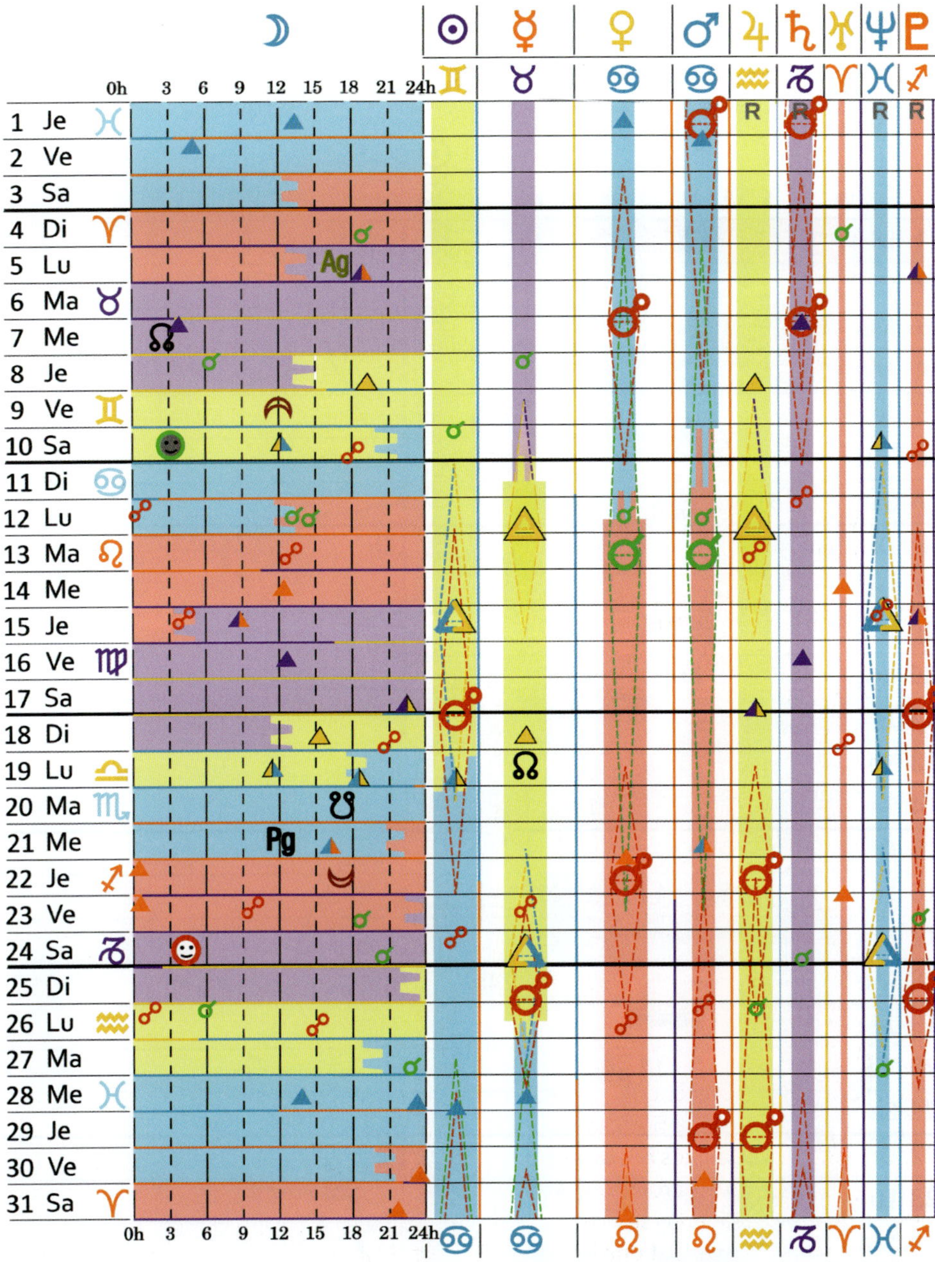

Voici les conditions météo les plus fréquemment observées lors de périodes ayant des positions astronomiques similaires :

Jusqu'au 10 : humidité plus marquée / masses d'air plus stables avec gonflement des anticyclones / perturbations apportant pluies ou crachins dans les régions situées sous un centre dépressionnaire.

Du 11 au 26 : ciel dégagé avec montée des températures diurnes / risque d'évolution orageuse en fin de journée dans les régions liées à l'élément Chaleur / temps variable en début de période puis à nouveau plus stable.

À partir du 27: voir début août.

N.B. : Les couleurs du texte se rapportent à celles des courbes visibles sur les tableaux des deux premières pages du mois.

Août 2021

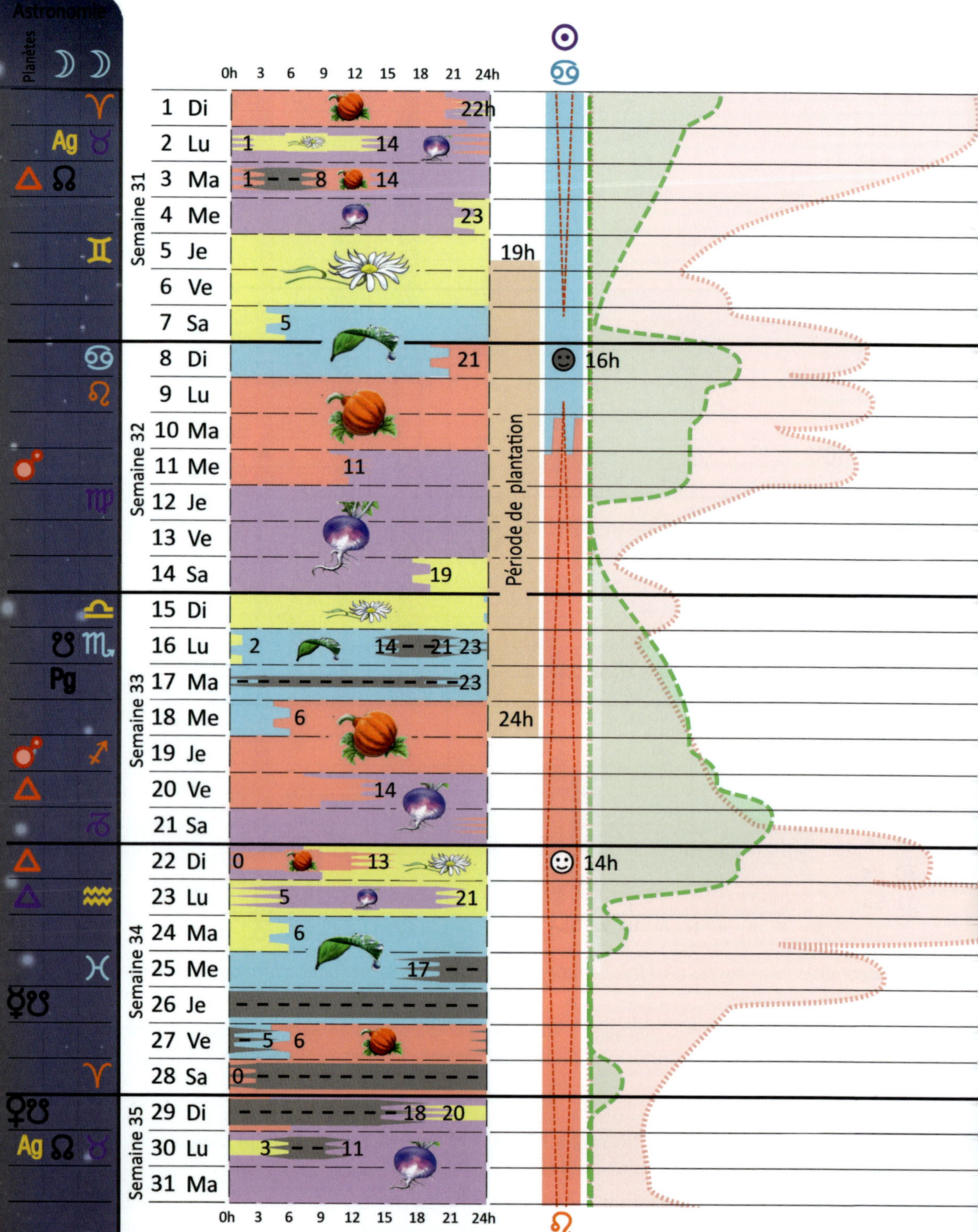

Pour lire facilement les indications de ce tableau, ramener le rabat de la dernière page de couverture sur la page suivante. Pour plus d'explications, voir aussi les pages 3 et 4.

Météorologie

Voir à la page 5 comment les courbes proposées en couleur de fond de ces deux pages peuvent permettre de prévoir des tendances météo.
En dernière page du mois vous trouverez le tableau astronomique qui précise l'origine des données de ces deux pages ainsi qu'une interprétation possible de ces courbes.

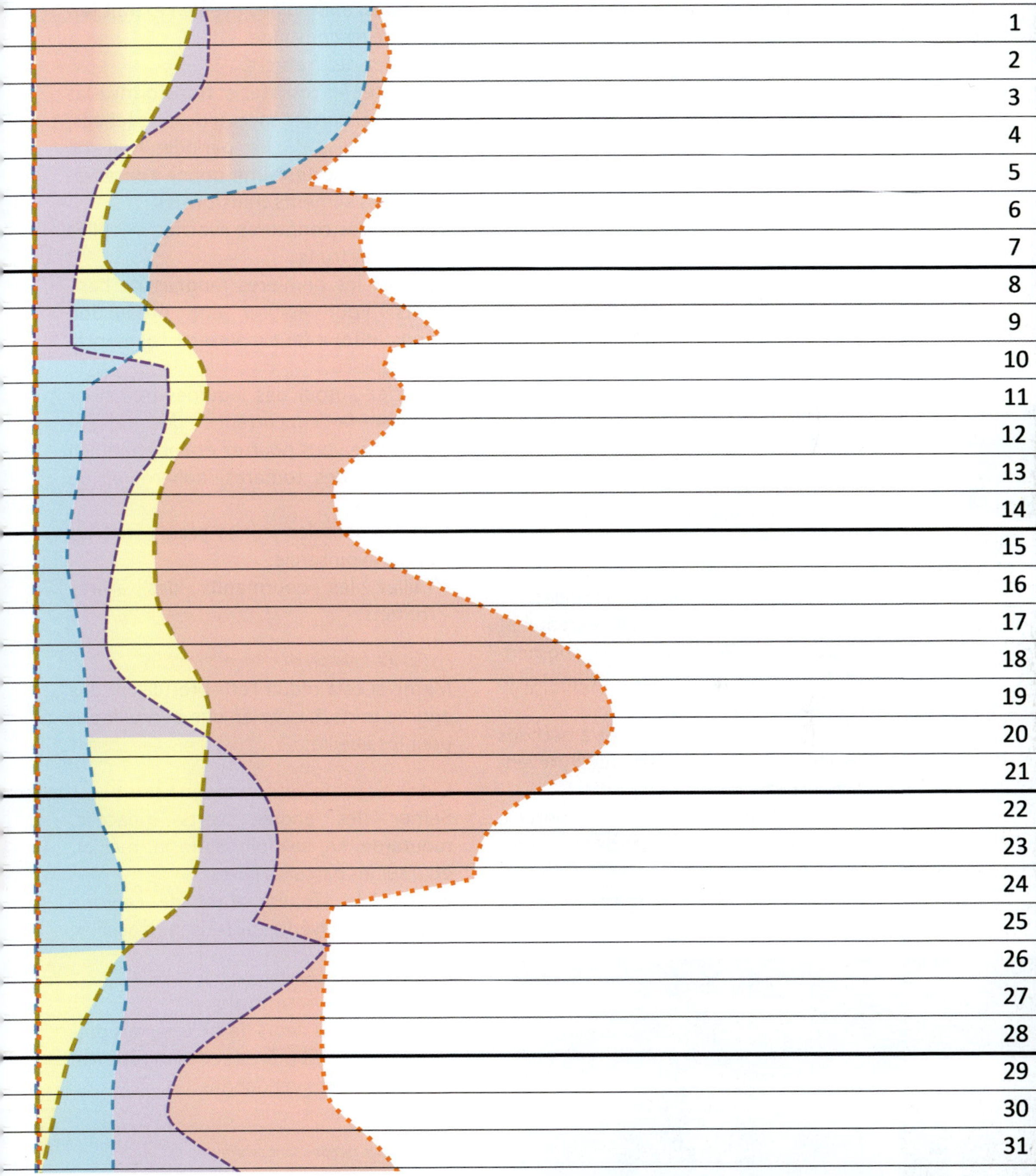

A faire au jardin et au verger

En période-racine

- Semez radis roses et radis d'hiver (noir, blanc ou bleu d'automne, rose de Chine, green meat) et des navets d'automne (boule d'or et de Nancy).
- Récoltez en lune descendante, pommes de terre, oignons, échalotes, navets, carottes, betteraves rouges.
- Sarclez entre les rangs des légumes-racine et éclaircissez si nécessaire sur les lignes.

En période-fleur

- Taillez, en lune descendante les arbustes à floraison printanière.
- En lune montante, commencez à bouturer les arbres d'ornement et les rameaux aoûtés des rosiers, weigélias, spirées, buddleias, etc..

En période-feuille

- Semez en place du chou de Chine qui n'aura pas besoin de repiquage.
- Coupez des côtes de bette pour stimuler la pousse des prochaines feuilles.
- Sarclez entre les lignes de poireaux et buttez-les légèrement pour augmenter la hauteur du « blanc » et limiter le manque d'eau éventuel...
- Semez du cresson alénois et à grandes feuilles pour varier les salades à présenter au repas.
- Semez de la mâche, celle-ci apprécie les sols fermes donc évitez de trop aérer le sol. On peut aussi la semer en motte.
- Plantez salades, choux-raves et choux-fleurs.

En période-fruit

- Arrosez tomates, courgettes, potirons, melons, aubergines avec un extrait fermenté de consoude.
- Plantez des fraisiers.
- Récoltez les tomates et transformez-les à votre convenance (coulis, séchées, ratatouilles...). Les périodes-fruit ou fleur permettent une bonne conservation des aliments transformés.
- Faites des confitures avec les myrtilles et autres fruits.
- Buttez les dernières rangées de haricots. Pour assurer une production constante, il faut maintenir l'alimentation en eau.
- Sarclez autour des légumes-fruit pour limiter la concurrence des adventices que vous pourrez étaler en mulch au pied des tomates, aubergines ou poivrons.
- Paillez sous les jeunes arbres fruitiers après avoir sarclé.
- Taillez les gourmands des arbres fruitiers.

Pour la biodiversité au jardin

Même si cela réduit l'effet fertilisant des engrais verts, laissez-en une partie fleurir pour les abeilles.

C'est aussi le bon moment pour

Semer des engrais verts (phacélie, moutarde, lin, sainfoin, sarrasin, mélilot, etc.) sur les parcelles libres.

En cas de sécheresse et de canicule prolongée, pulvériser de la tisane d'achillée millefeuille.

Calendrier phénologique

Apparition des fleurs de callune, des premières pommes mûres et des mirabelles. Dans le Sud, les vendanges commencent.

Au mois d'août, les récoltes sont généreuses.

Pratiquer la biodynamie

La conservation des préparations

La bouse de corne, le compost de bouse ainsi que les préparations du compost, se conservent dans des caisses spéciales à double paroi remplie de tourbe. Un jardinier peut aussi garder ces préparations dans des bocaux de verre enfouis dans la tourbe dans un endroit abrité, à l'écart des pollutions électromagnétiques (une cave par exemple). Cela permet une conservation durant quelques semaines, la préparation ne doit pas s'assécher, ni développer de mauvaises odeurs.

Si on achète ses préparations par correspondance, l'idéal est de les utiliser dès réception.

La silice de corne peut se conserver de nombreux mois dans un bocal de verre exposé à la lumière, sur un rebord de fenêtre par exemple.

Élaborer les préparations

A partir de la mi-août, on récolte l'écorce de chêne lors d'une période-racine, en rapant l'écorce superficielle d'un chêne pédonculé. Il ne faut pas prendre la deuxième couche d'écorce, plus fibreuse. Avant de commencer à récolter l'écorce, on la débarrasse des lichens et autres impuretés à l'aide d'une brosse métallique.

Utiliser les préparations

- Pulvériser la bouse de corne après les repiquages et les semis, au moment des semis des cultures dérobées (engrais vert) et dans les vergers.
- Pulvériser le compost de bouse après la fauche des engrais verts.
- Pulvériser la silice de corne sur les cultures bien développées et particulièrement sur les plantes sensibles aux maladies cryptogamiques (tomates, pommes de terre, haricots, courges...)
- Pulvériser la silice de corne sur les fruitiers et les céréales pour la maturation des fruits et des épis.
- Au moment du bouturage des arbres frutiers et d'ornement, une pulvérisation de bouse de corne va accélérer la formation des racines.

Un jardinier peut conserver les préparations en plaçant des bocaux de verre dans la tourbe. Ici les préparations du compost.

Prévention des maladies et ravageurs

- Incinérer les fourmis qui occupent les maisons le 11 avant 10 h.
- Attraper les mouches sur des bandes collantes que l'on incinérera dans l'étable pendant les périodes-fleur.
- Incinérer les taupins du 7 à 5h au 8 à 20h.
- Les tisanes de camomille et d'achillée stimulent la santé de votre potager et sa résistance aux excès climatiques.

(voir p. 69, 32 et 99)

Semences de plantes-fleur : les récolter en période-fleur à partir du 11.

Semences de plantes-fruit et de céréales : à partir du 11, les récolter en période-fruit, particulièrement lorsque la Lune est devant le Lion ♌.

Semences de plantes-feuille : les récolter en période-feuille à partir du 11.

Les phénomènes astronomiques et la météo

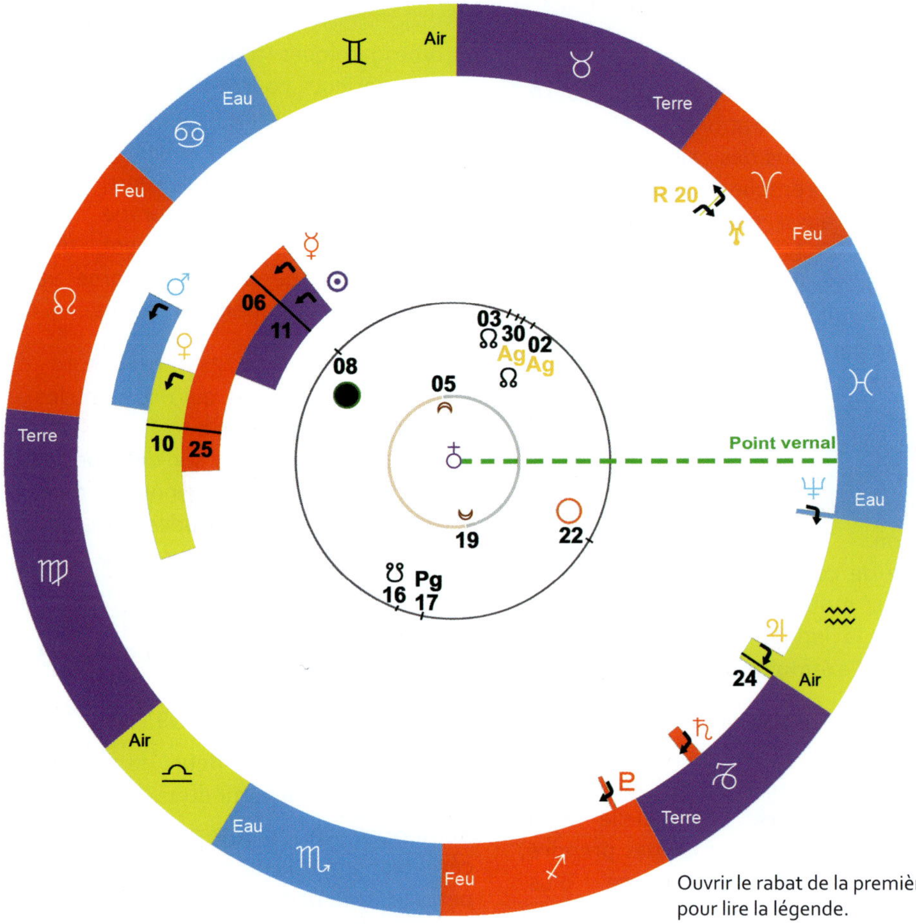

Ouvrir le rabat de la première page pour lire la légende.

Observer les planètes

Mercure « dépasse » le Soleil mais reste cependant trop proche pour être visible dans le ciel du soir. Mars qui est « rattrapée » par le Soleil se soustrait elle aussi à notre observation. Seul le coucher de Vénus continue d'animer l'horizon Ouest après le coucher du Soleil, en fin de mois elle apparaît à une dizaine de degrés de hauteur un peu avant 21 h et disparaît à peine une heure plus tard. Jupiter et Saturne, proches de leur opposition avec le Soleil, apparaissent donc près de l'horizon dès le coucher du Soleil, au Sud-Est pour Saturne, un peu plus à l'Est et un peu plus bas pour Jupiter. En fin de mois elles atteignent leur maximum de hauteur (au Sud) vers 0 h 30, à un peu plus de 20° pour Saturne et un peu moins de 30° pour Jupiter. Elles redescendent ensuite pour se coucher au Sud-Ouest vers 4 h 30 pour Saturne et 6 h pour Jupiter (un peu plus à l'Ouest que Saturne).

Les éléments stimulés par les planètes (voir le tableau page suivante)

Après le passage devant le Lion de Mercure le 6 puis du Soleil le 10, l'élément Eau n'est plus stimulé que par Neptune et l'élément Feu domine ce mois d'août. Uranus devant le Bélier concourt largement à cela en offrant la possibilité de trois trigones-Feu successifs. L'élément Terre retrouve un peu plus de soutien avec l'entrée dans la Vierge de Vénus le 10 puis de Mercure le 25. L'élément Air n'est stimulé que par Jupiter rétrograde devant le Verseau et perd presque toute influence lorsque celle-ci atteint la zone de transition avec le Capricorne le 24.

Ouvrir le rabat de la dernière page de couverture pour lire la légende.

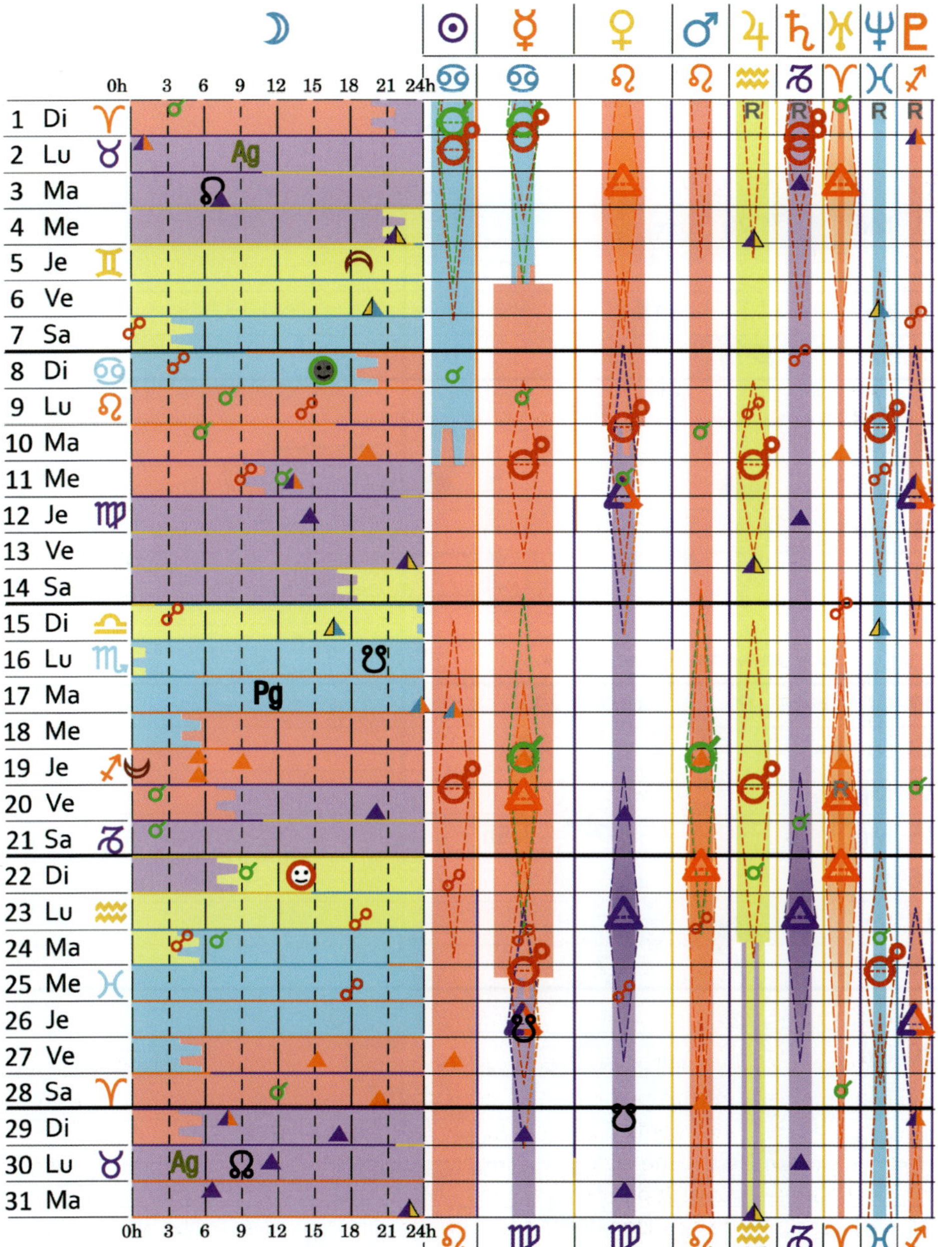

Voici les conditions météo les plus fréquemment observées lors de périodes ayant des positions astronomiques similaires :

Jusqu'au 5 : les masses d'air sont encore stables / risque d'évolution orageuse et pluvieuse fréquent en fin de journée dans les régions liées à l'élément Chaleur / perturbations pluvieuses possibles dans les régions situées sous un centre dépressionnaire.

Du 6 au 24 : risque d'évolution orageuse très fréquent en toutes régions / stabilité des masses d'air peu probable du 15 au 21.

À partir du 25 : voir début septembre

N.B. : Les couleurs du texte se rapportent à celles des courbes visibles sur les tableaux des deux premières pages du mois.

Septembre 2021

Astronomie / Planètes ☽ ☽ (constellation / signe : ♌ en haut, ♍ en bas)

Astronomie	Planètes	Semaine	Jour	0h 3 6 9 12 15 18 21 24h	Remarques
	♉	Semaine 35	1 Me	7h	
			2 Je		3h
	♊		3 Ve	14	
	♋		4 Sa	16	
△		Semaine 36	5 Di	12	
△	♌		6 Lu	3 22	
△			7 Ma	19	☺ 3h
	♍		8 Me		
			9 Je		
			10 Ve		Période de plantation
Pg	♎		11 Sa	0	
☋		Semaine 37	12 Di	0 7 15 22	
	♏		13 Lu		
			14 Ma	12	
	♐		15 Me		5h
			16 Je	15	
	♑		17 Ve		
			18 Sa	17	
	♒	Semaine 38	19 Di		
			20 Lu	13	
△	♓		21 Ma	9	☺ 2h
			22 Me		Équinoxe d'automne 21h
			23 Je	14	
	♈		24 Ve		
△			25 Sa	12	
☊ Ag	♉	Semaine 39	26 Di	6 13 16	
			27 Lu	4	
			28 Ma	15	
	♊		29 Me	12	11h
△			30 Je	8 23	

Pour lire facilement les indications de ce tableau, ramener le rabat de la dernière page de couverture sur la page suivante. Pour plus d'explications, voir aussi les pages 3 et 4.

Météorologie

Voir à la page 5 comment les courbes proposées en couleur de fond de ces deux pages peuvent permettre de prévoir des tendances météo.

En dernière page du mois vous trouverez le tableau astronomique qui précise l'origine des données de ces deux pages ainsi qu'une interprétation possible de ces courbes.

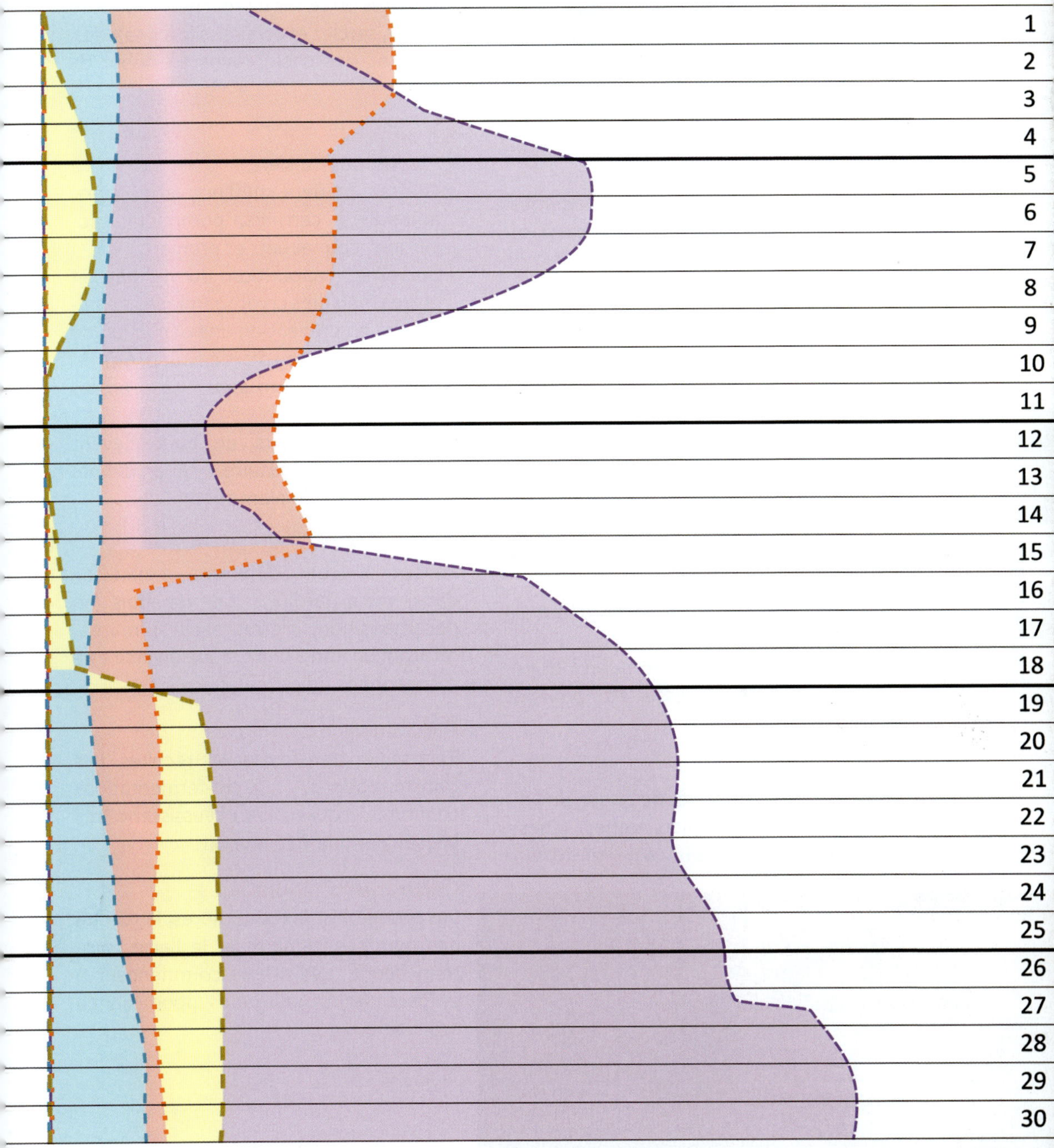

A faire au jardin et au verger

En période-racine

- Récoltez en lune descendante, les pommes de terre et oignons pour la conservation. Laissez sécher les oignons quelques jours à l'abri avant de les stocker en cave ou dans un grenier.
- Semez des engrais verts diversifiés : sarrasin, seigle, vesce, phacélie, sainfoin, trèfle incarnat, mélilot, pois...
- Sarclez entre les rangs des légumes-racine et éclaircissez si nécessaire sur les lignes, en particulier les semis de navets et de radis d'hiver, pour leur permettre une croissance rapide.

En période-fleur

- Terminez les semis de vivaces comme la rose trémière, l'ancolie, la centaurée, la marguerite des prés, qui fleuriront au printemps prochain.
- Repiquez achillée millefeuille, euphorbe, fenouil, gaura, hélianthe, lavande, miscanthus, népéta, digitale, onagre, etc.
- Plantez des brocolis à jet en début de mois.
- Récoltez et séchez romarin, thym, sauge, menthe, mélisse, etc. pour les tisanes.

En période-feuille

- Surveillez les attaques de teigne du poireau. Dès les premiers signes, n'hésitez pas à couper le fût pour en extraire le ver. Le fût repartira renforcé dès les premières pluies.
- Refaites un semis de mâche.
- Binez, sarclez et éclaircissez les salades.
- Plantez des choux-raves en début de mois.

En période-fruit

- Plantez des fraisiers.
- Greffez poiriers, néfliers, abricotiers, amandiers, cerisiers, pommiers, groseilliers, cognassiers et pruniers.
- Surveillez l'apparition du mildiou et autres maladies cryptogamiques et pulvérisez en prévention une décoction de prêle additionnée d'ortie (voir p. 69).
- Taillez les gourmands des arbres fruitiers.
- Récoltez les fruits en Lune devant Bélier ♈ ou Sagittaire ♐ et en dehors de la période de plantation.

Pour la biodiversité au jardin

Pensez à créer différents « milieux » dans votre jardin : tas de bois en décomposition, pierres sèches, mare... offriront un abri à une grande diversité de compagnons utiles.

C'est aussi le bon moment pour

Récolter et transformer les récoltes. Les transformations (lacto-fermentations confitures, conserves...) réussissent très bien en période-fleur et fruit.

Calendrier phénologique

Les premières noix sont mûres, la récolte des pommes démarre et le lierre commun fleurit. Les arbres commencent à préparer leurs bourgeons pour l'année prochaine.

Un « hôtel à insectes » permet d'accueillir une certaine biodiversité même dans les petits jardins.

Pratiquer la biodynamie

Élaborer les préparations

Récolter l'écorce de chêne (voir p. 93).

Autour de la Saint-Michel, élaborer les préparations de bouse de corne, de pissenlit, de camomille et d'écorce de chêne.

Sortir de terre la préparation de silice, et enfouir la préparation d'achillée.

Utiliser les préparations

- Pulvériser la bouse de corne après tout travail du sol ou sur les semis d'automne, dans les vergers et sur les prairies.
- Pulvériser le compost de bouse après la fauche des engrais verts.
- Pulvériser la silice de corne sur toutes les plantes avant les récoltes, sur les fruitiers pour la maturation des fruits et sur les plantes atteintes de maladies cryptogamiques.
- L'automne est la saison favorable à la réalisation des tas de compost, de préférence en période de plantation. Incorporer les préparations du compost et couvrir le tas dès sa réalisation (voir p.105 et 117).

Les cornes remplies de bouse, prêtes à être enterrées.

Prévention des maladies et ravageurs

- Incinérer les fourmis qui occupent les maisons du 5 à 5 h au 7 à 18 h.
- Incinérer ou réaliser un purin de limaces ou d'escargots du 3 à 14 h au 4 à 16 h.

Semis des céréales d'hiver : en période-fruit, particulièrement lorsque la Lune est devant le Lion ♌.

Dans des cas exceptionnels, on peut aussi semer le seigle en période-racine mais tous les soins devraient absolument être réalisés en période-fruit.

Régulation des insectes nuisibles selon Maria Thun

Se procurer 50 à 60 parasites et les mettre dans une boîte à œufs, ensuite brûler cette boîte sur un feu de bois (1). La cendre de bois et les parasites sont écrasés durant une heure dans un mortier, c'est-à-dire dynamisés (2). Ensuite, il faut fabriquer une D8 à partir de la cendre dynamisée (3). Les explications sont données p.32 Une bonne efficacité est obtenue en pulvérisant finement trois soirs de suite.

Les phénomènes astronomiques et la météo

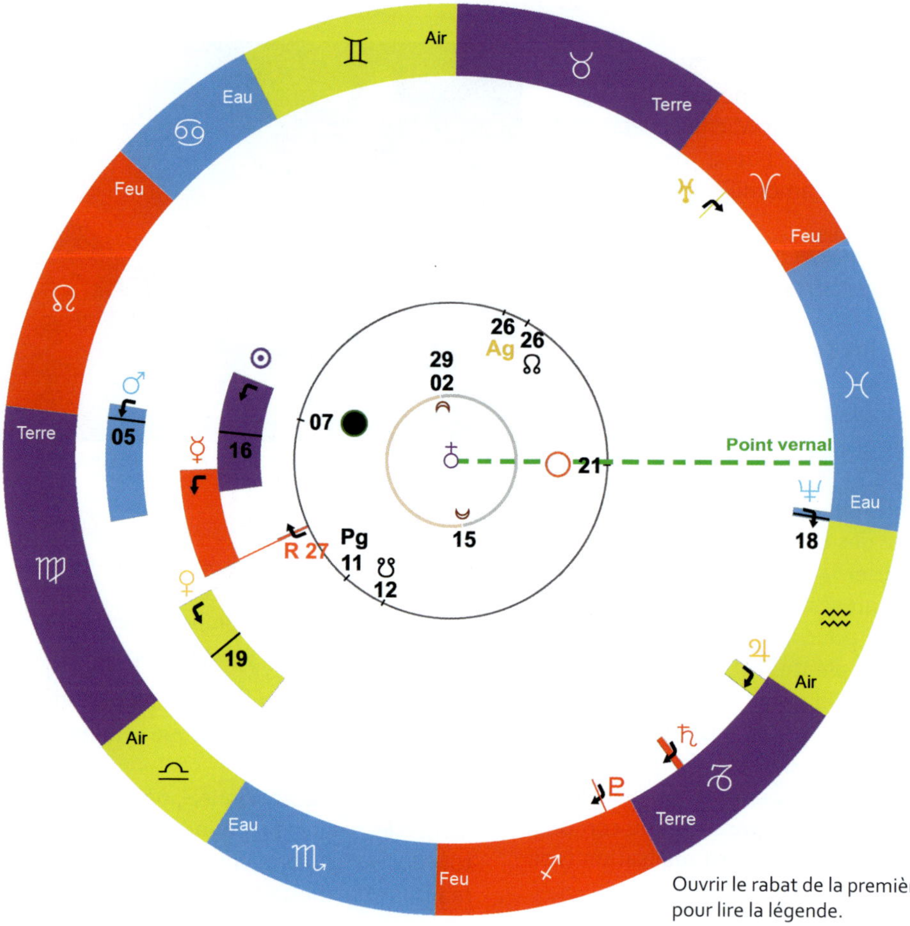

Ouvrir le rabat de la première page pour lire la légende.

Observer les planètes

Mars et Mercure restent masqués par le Soleil durant tout le mois. Vénus est visible, toujours dans les mêmes conditions qu'en août, durant quelques dizaines de minutes le soir. Son apparition se décale cependant vers le Sud. En fin de mois, elle a lieu au Sud-Ouest vers 19 h 30 et le coucher de cette planète se tient une bonne heure plus tard. Jupiter et Saturne poursuivent également leur dynamique, apparaissant dès le coucher du Soleil proche de l'horizon au Sud-Est et se couchant de plus en plus tôt au Sud-Ouest. En fin de mois, elles apparaissent à une quinzaine de degrés de hauteur. Saturne s'élève ensuite jusqu'à 22° environ (vers 20 h) et Jupiter un peu plus haut (à 23 h). Le coucher de Saturne à l'Ouest-Sud-Ouest se tient vers 2 h 15 et celui de Jupiter, un petit peu plus à l'Ouest 1 h 30 plus tard.

Les éléments stimulés par les planètes (voir le tableau page suivante)

Avec le Capricorne qui accueille Jupiter dès le 1er, puis l'entrée devant la Vierge de Mars le 5 et du Soleil le 16, l'élément Terre est largement le plus influent du mois, d'autant plus qu'il est soutenu par la formation de cinq trigones-Terre les 5, 6, 21, 25 et 29. L'élément Feu s'affirme encore un peu durant la première quinzaine avec notamment le trigone du 7. L'élément Air est totalement absent jusqu'au 19, date à laquelle Vénus rejoint la Balance. L'élément Eau n'est que très faiblement soutenu par Neptune devant les Poissons et seulement jusqu'au 18.

Ouvrir le rabat de la dernière page de couverture pour lire la légende.

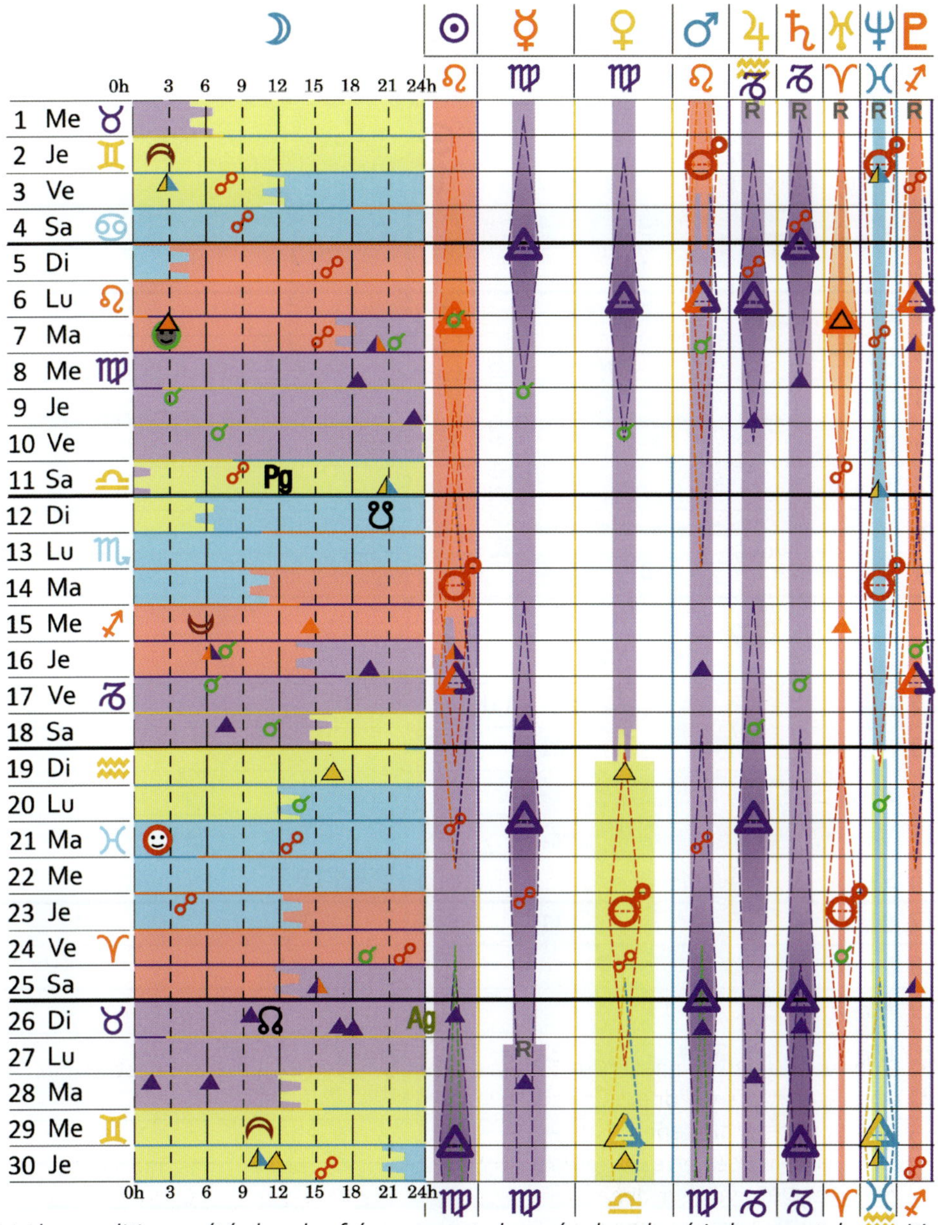

Voici les conditions météo les plus fréquemment observées lors de périodes ayant des positions astronomiques similaires :

Jusqu'au 14 : risque d'évolution orageuse très fréquent en fin de journée dans les régions liées à l'élément Chaleur / brouillards fréquents / incertitude quant à la stabilité des masses d'air.

À partir du 15 : brouillards et nuages bas très fréquents qui maintiennent les températures de l'air voisines de celles du sol / incertitude quant à la stabilité des masses d'air.

N.B. : Les couleurs du texte se rapportent à celles des courbes visibles sur les tableaux des deux premières pages du mois.

Octobre 2021

Astronomie

Planètes	☽	☽	Semaine	Jour	0h 3 6 9 12 15 18 21 24h		☉ ♍
		♋	Semaine 39	1 Ve			
				2 Sa	14h		
		♌	Semaine 40	3 Di	14		
	△			4 Lu	10	Période de plantation	
				5 Ma	4		
		♍		6 Me			☻ 13h
				7 Je			
	Pg			8 Ve	7		
	☋	♎		9 Sa	7 14 18		
		♏	Semaine 41	10 Di	1		
				11 Lu	17		
		♐		12 Ma		11h	
				13 Me	21		
		♑		14 Je	10		
☿☊△				15 Ve	22		
		♒		16 Sa			
			Semaine 42	17 Di	21		
		♓		18 Lu	17		
	△			19 Ma	13		
				20 Me	22		☺ 17h
		♈		21 Je			
				22 Ve	21		
	☊	♉		23 Sa	10 17		
	Ag		Semaine 43	24 Di	9 22		
				25 Lu	23		
		♊		26 Ma		18h	
				27 Me			
				28 Je	7	plantation	
		♋		29 Ve	23		
		♌		30 Sa			
				31 Di	19	Heure d'hiver	

0h 3 6 9 12 15 18 21 24h ♍ ♎

Pour lire facilement les indications de ce tableau, ramener le rabat de la dernière page de couverture sur la page suivante. Pour plus d'explications, voir aussi les pages 3 et 4.

Météorologie

Voir à la page 5 comment les courbes proposées en couleur de fond de ces deux pages peuvent permettre de prévoir des tendances météo.
En dernière page du mois vous trouverez le tableau astronomique qui précise l'origine des données de ces deux pages ainsi qu'une interprétation possible de ces courbes.

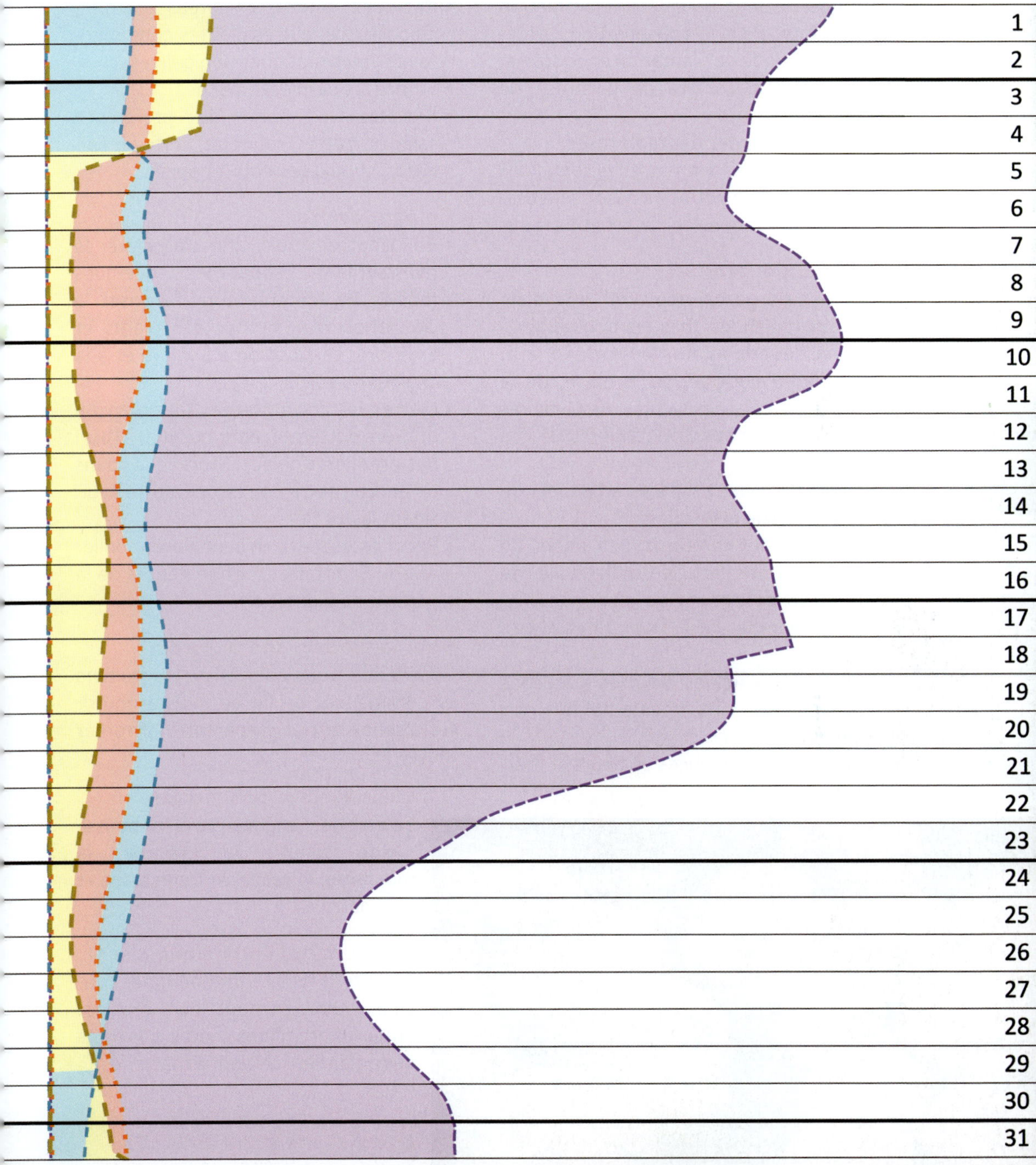

Attention : lors de l'impression de ce Calendrier des semis 2021, aucune décision concernant le maintien ou non de l'heure d'hiver n'a été prise. **Le passage à l'heure d'hiver est conservé dans ce calendrier.**

A faire au jardin et au verger

En période-racine

- Récoltez navets, carottes, betteraves rouges, céleris pour la consommation courante. Pour la conservation, préférez la période de plantation et en soirée.
- Terminez la récolte de pommes de terre.
- Sous abri, semez des radis roses.
- Désherbez, sarclez entre les rangs des légumes-racine et éclaircissez si nécessaire sur les lignes de navets et de radis.

En période-fleur

- Semez du gazon fleuri (on trouve de beaux mélanges chez les bons grainetiers), de l'adonis, du bleuet, de l'orlaya, du pied-d'alouette, de la nielle, de la sauge sclarée, des lychnis, des lunaires pour les floraisons printanières de l'an prochain.
- Greffez le lierre et le lilas en dehors de la période de plantation.
- Repiquez des coréopsis, des asters, de l'érigeron, de l'achillée millefeuille, de l'ancolie, de la gaura, de la germandrée, de l'hélianthe, de la lavande et autres vivaces.
- Plantez des bulbes pour les floraisons printanières : iris, perce-neige, narcisses, tulipes, crocus...
- Récoltez les semences de fleurs et mettez-les à sécher.

En période-feuille

- Semez des épinards.
- Repiquez laitues, chicorées scaroles, ciboulette et autres plantes condimentaires et aromatiques non gélives.
- Semez les dernières mâches.
- Récoltez le matin de préférence salades, bettes, roquette, cerfeuil, épinards, choux, poireaux et persil...

En période-fruit

- En début de mois, afin d'accélérer le mûrissement, supprimez quelques feuilles de tomates pour favoriser la circulation d'air autour des plants et améliorer l'exposition à lumière et à la chaleur du soleil.
- Mettez les cucurbitacées (potimarron, potiron, butternut, patidou, etc.) à l'abri des premières gelées. Stockez-les dans un endroit sec à une température avoisinant les 18 °C.
- Récolter les fruits en Lune devant Bélier ♈ ou Sagittaire ♐ et en dehors de la période de plantation.

Pour la biodiversité au jardin

Laissez des fruits abîmés sur les fruitiers et commencez en fin de mois à nourrir les oiseaux qui se préparent à affronter l'hiver.

C'est aussi le bon moment pour

Semer des engrais verts à pousse rapide comme la phacélie, la moutarde, le seigle, le trèfle blanc et incarnat.

Calendrier phénologique

Les arbres feuillus prennent des couleurs, voire, perdent leurs feuilles : notez les premières chutes. Les fruits des églantiers arrivent à maturité.

En octobre, il est temps de rentrer les courges pour les protéger du froid.

Pratiquer la biodynamie

Élaborer les préparations

Récolter l'écorce de chêne (voir p.93).

Autour de la Saint-Michel, jusqu'à mi-octobre, élaborer les préparations de bouse de corne, de pissenlit, de camomille et d'écorce de chêne.

Sortir de terre la préparation de silice, et enfouir la préparation d'achillée.

Utiliser les préparations

- Épandre le compost et pulvériser le compost de bouse.
- Élaborer le compost, voir ci-dessous et p. 117.
- Pulvériser la bouse de corne après tout travail du sol, sur les semis d'automne et sur les prairies.
- Pulvériser le compost de bouse après la fauche des engrais verts.
- Pulvériser la silice de corne sur toutes les plantes avant les récoltes, sur les céréales d'hiver au stade 3 feuilles.
- Avant la chute des feuilles, pulvériser la silice de corne en soirée (exceptionnellement) pour faire migrer vers les racines les réserves des arbres, des arbustes et de la vigne et pour renforcer la santé des bourgeons.

Après y avoir inséré les préparations de chêne, pissenlit, achillée, camomille et ortie, on pulvérise la valériane sur le tas de compost.

Prévention des maladies et ravageurs

- Incinérer les animaux à sang chaud du 22 à 21 h au 25 à 22 h, sauf le 23 entre 10 h et 17 h (voir p.32 et 99).

Semis des céréales d'hiver : en période-fruit, particulièrement lorsque la Lune est devant le Lion ♌.

Le compostage selon Maria Thun

Nous prenons 4 piquets à tomates et les plantons aux 4 angles d'un carré d'1 mètre de côté. Il est important de les placer dans un endroit ombragé. Ensuite, nous plaçons des lattes à toit d'1,25 m posées sur la tranche entre les piquets. Nous mettons un peu de vieux compost au fond puis ajoutons les déchets organiques bien mélangés et les recouvrons immédiatement. De temps en temps, nous saupoudrons le tas d'une poignée de poudre d'os, de cornes ou de guano. Nous élevons les parois extérieures avec des lattes à toit au fur et à mesure de l'élévation du tas. On peut accélérer la décomposition en arrosant le compost avec du compost de bouse une fois par mois. Lorsqu'il a atteint la hauteur de 50 cm, nous ajoutons les préparations biodynamiques du compost. Il est très important de veiller à toujours garder le tas de compost bien humide.

Les phénomènes astronomiques et la météo

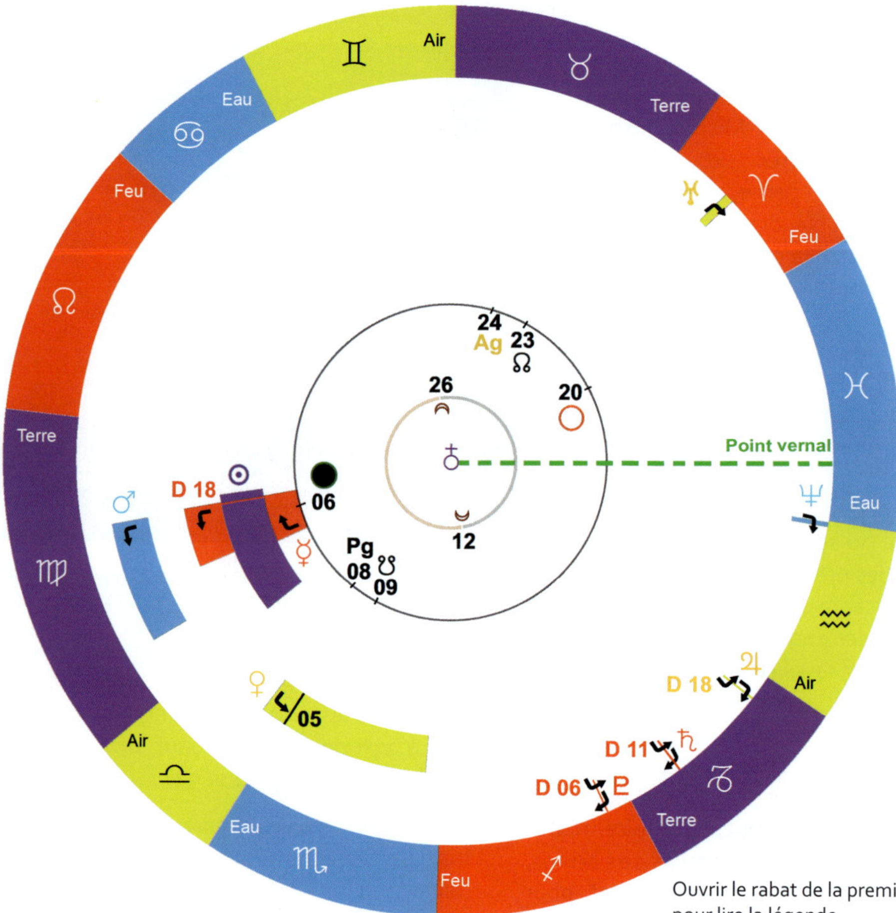

Ouvrir le rabat de la première page pour lire la légende.

Observer les planètes

Mars est « dépassée » par le Soleil le 8 (conjonction) et Mercure, au cours de sa rétrogradation, « rencontre » également le Soleil le 9. Ces planètes restent donc toujours invisibles pour nous. La visibilité de Vénus reste équivalente à celle du mois précédent, cette planète apparaît toujours à une dizaine de degrés au-dessus de l'horizon juste « derrière » le coucher du Soleil. Jupiter et Saturne sont maintenant beaucoup plus « proches » du Soleil. En fin de mois Saturne apparaît au Sud-Sud-Est alors qu'elle a déjà presque atteint son maximum de hauteur et se couche vers minuit à l'Ouest-Sud-Ouest. Jupiter, toujours plus brillante, apparaît un peu plus tôt au Sud-Est alors qu'elle s'élève encore franchement pour atteindre le Sud et son maximum de 25° de hauteur vers 21 h. Elle se couche un peu plus à l'Ouest que Saturne et une bonne demi-heure plus tard.

Les éléments stimulés par les planètes (voir le tableau page suivante)

Tout au long du mois, la Vierge accueille le Soleil, Mercure et Mars et le Capricorne Jupiter et Saturne. Avec cinq planètes devant des constellations liées à l'élément Terre et la formation de trois trigones-Terre les 4, 15 et 19, celui-ci domine encore nettement durant tout le mois. L'élément Air n'est présent que les 4 premiers jours du mois jusqu'à ce que Vénus quitte la Balance pour entrer dans le Scorpion, offrant ainsi son seul soutien à l'élément Eau. L'élément Feu n'est soutenu que par Uranus et Pluton.

Ouvrir le rabat de la dernière page de couverture pour lire la légende.

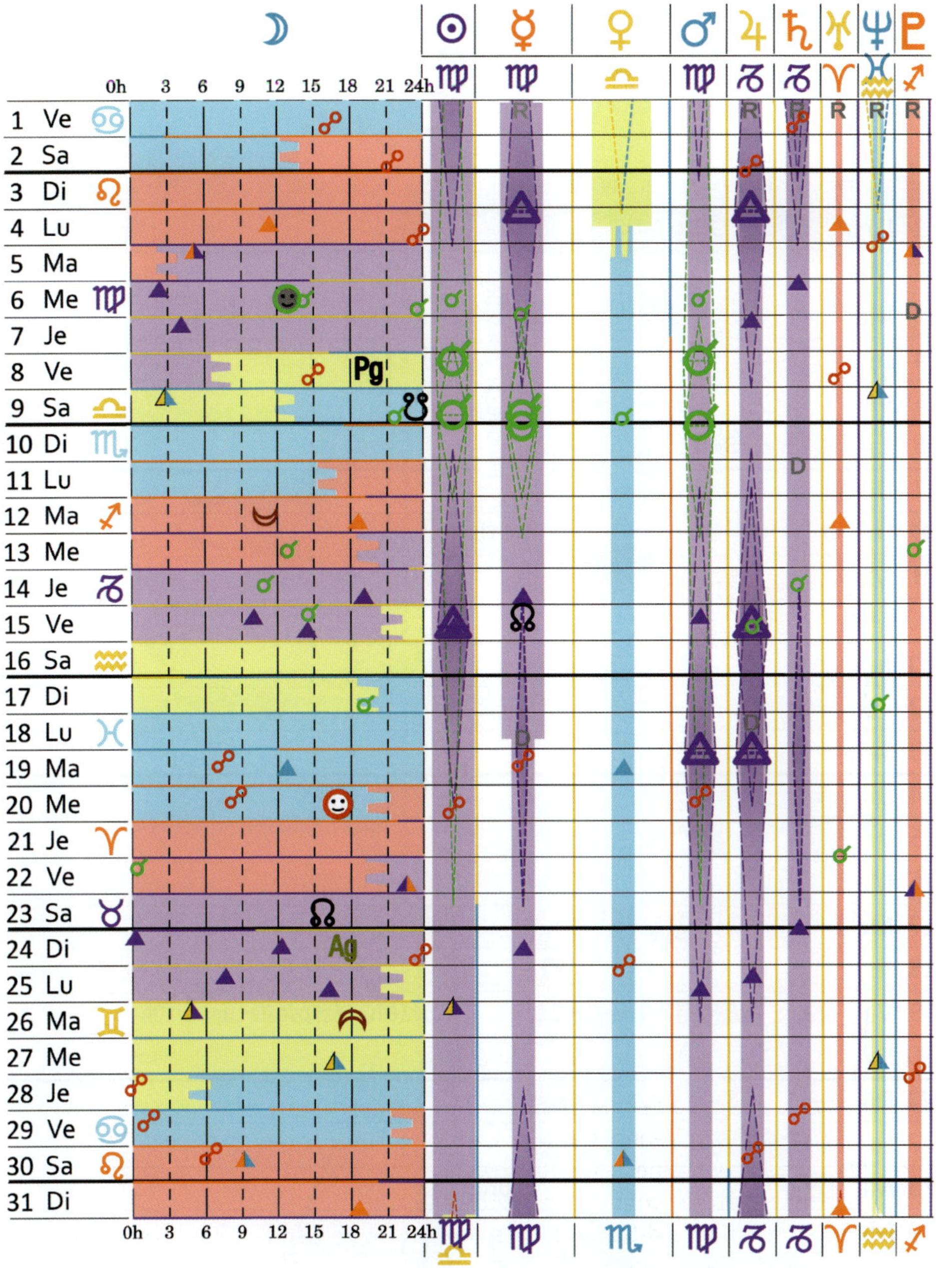

Voici les conditions météo les plus fréquemment observées lors de périodes ayant des positions astronomiques similaires :

Jusqu'au 5 : mêmes conditions que fin septembre, brouillards et nuages bas très fréquents qui maintiennent les températures de l'air proches de celles du sol.

Du 6 au 15 : toujours brouillards et nuages bas très fréquents mais centres dépressionnaires davantage en mouvement avec passages fréquents de perturbations apportant bruines et crachins.

À partir du 16 : toujours brouillards et nuages bas très fréquents / instabilité moins marquée laissant plus de répit entre le passage des centres dépressionnaires et leurs bruines et crachins.

Novembre 2021

Astronomie

Planètes	☽	☽	Semaine	Jour	0h 3 6 9 12 15 18 21 24h		
△		♌	Semaine 44	1 Lu	12h 14	Période de plantation	♍ ♎
		♍		2 Ma			
				3 Me			
				4 Je	18		☻ 22h
Pg		♎		5 Ve	11 - - - - -		
☋		♏		6 Sa	1 - - - 8 - 11		
			Semaine 45	7 Di			
●		♐		8 Lu	0 4 - 9	17h	
				9 Ma			
				10 Me	2		
		♑		11 Je			
△				12 Ve	3		
		♒		13 Sa			
		♓	Semaine 46	14 Di	1		
				15 Lu			
				16 Ma			
				17 Me	3		
△		♈		18 Je	10 21		
△	☍	☊		19 Ve	8 - -12 15 - - 22		☺ 10h Éclipse de Lune à 10h
		♉		20 Sa	20		
Ag			Semaine 47	21 Di	8 16 - - -		
☿☋				22 Lu	- - - - - - - - - - - - - -		
		♊		23 Ma	- - 4	0h	
				24 Me	13	Période de plantation	
		♋		25 Je			
				26 Ve	6		
		♌		27 Sa			
			Semaine 48	28 Di	23		
● △		♍		29 Lu	3 - 8 19		
				30 Ma			♏

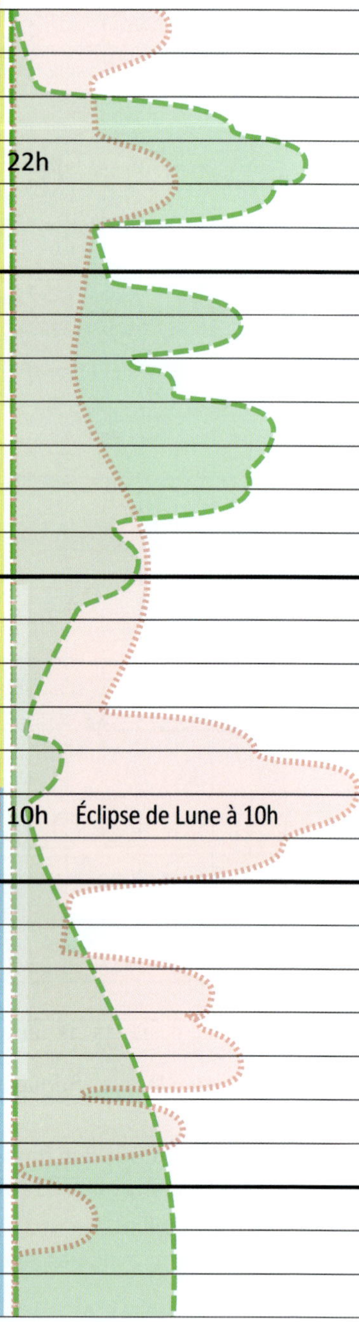

Pour lire facilement les indications de ce tableau, ramener le rabat de la dernière page de couverture sur la page suivante. Pour plus d'explications, voir aussi les pages 3 et 4.

Météorologie

Voir à la page 5 comment les courbes proposées en couleur de fond de ces deux pages peuvent permettre de prévoir des tendances météo.
En dernière page du mois vous trouverez le tableau astronomique qui précise l'origine des données de ces deux pages ainsi qu'une interprétation possible de ces courbes.

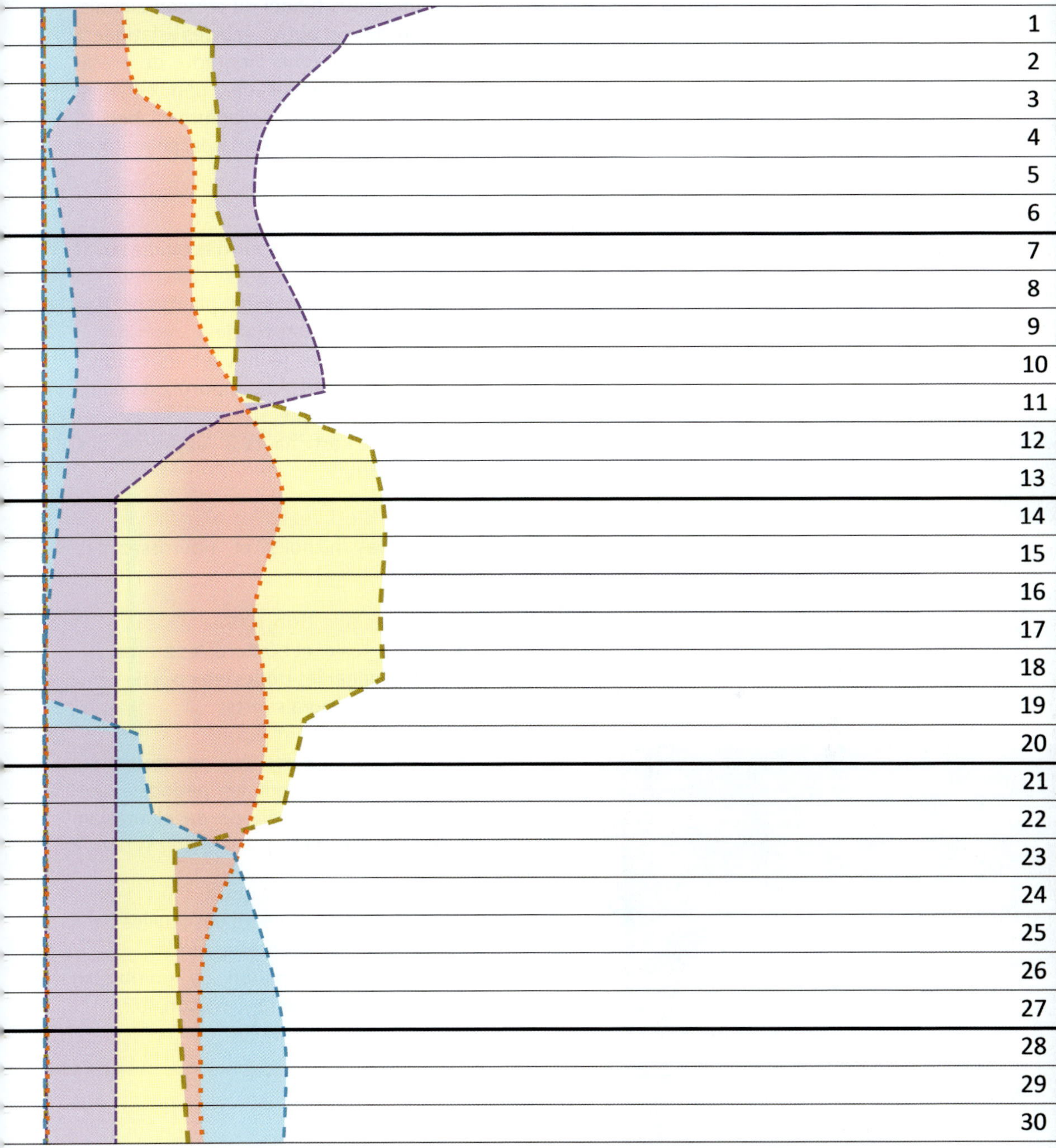

A faire au jardin et au verger

En période-racine

- Récoltez navets, carottes, betteraves rouges, céleris pour la consommation courante. Pour la conservation, préférez la période de plantation et en soirée.
- Sous abri, semez des radis roses des carottes et des fèves dans les régions du Sud, plantez de l'ail.
- En cas de risques de gelée, rangez betteraves rouges, carottes, navets, radis noirs et céleris dans un silo ou en cave. Un tambour de machine à laver enterré est une bonne solution de stockage qui protège des mulots et de l'humidité.

En période-fleur

- Prélevez des boutures de rosiers, weigélias, spirées, buddleias, etc.
- Aérez le sol et épandez du compost sur les plates-bandes de fleurs et au pied des arbustes ornementaux.
- Plantez iris, perce-neige, narcisses, tulipes et crocus.
- Greffez le lierre et le lilas.
- Repiquez pâquerettes, pensées, silène, myosotis, achillée millefeuille, euphorbe, fenouil, gaura, hélianthe, lavande, miscanthus, népéta, digitale, onagre, etc.

En période-feuille

- Commencez le forçage des endives.
- Semez sous tunnel du cresson alénois, du mizuna et autres salades asiatiques.
- Le matin en lune montante de préférence, récoltez salades, choux (fleurs, de Milan, romanesco, pommés), bettes, roquette, cerfeuil, épinards, poireaux et persil...

En période-fruit

- Bouturez des rameaux d'actinidia (kiwi) et de groseillier.
- Préparez les trous de plantation des arbres et arbustes fruitiers.
- Paillez sous les jeunes arbres fruitiers après avoir sarclé et apportez du compost et du basalte.
- Buttez les artichauts à l'approche des grands froids.

Pour la biodiversité au jardin

Posez des nichoirs et nourrissez les oiseaux.

C'est aussi le bon moment pour

- Planter, tailler et bouturer les arbres.
- Badigeonner les troncs (voir p. 33).
- Enfouir les engrais verts.
- Bêcher les sols argileux.
- Abattre les arbres (en novembre ou décembre) pendant les périodes-fleur se trouvant en période de plantation (lune descendante).

Calendrier phénologique

Notez les dates de chute des feuilles en fonction des différentes essences.

La phase d'hibernation de nombreux mammifères démarre : hérisson, loir...

Simple à préparer dans un seau, le badigeon s'applique avec une balayette, c'est rapide (voir la recette p.33).

Pratiquer la biodynamie

Les préparations biodynamiques du compost

La fertilité de la ferme ou du jardin biodynamique est basée sur l'emploi de composts. Une pratique spécifique de la biodynamie consiste en l'ajout de six préparations élaborées à partir de plantes médicinales : ortie, camomille matricaire, pissenlit, achillée millefeuille, écorce de chêne et valériane. Ces plantes, pour devenir préparations biodynamiques, subissent des procédés d'élaboration particuliers, certains font appel à des organes animaux qui agissent en synergie avec la plante.

Les six préparations du compost dirigent la fermentation du compost et limitent les pertes en nutriments et en vitalité (par lessivage et évaporation).

Mais surtout, elles impulsent dans le sol qui reçoit ce compost, les processus qui vont permettre aux plantes d'assimiler de façon active les substances (oligoéléments, minéraux) dont elles ont besoin pour croître de façon équilibrée et donner des aliments de la meilleure qualité. Avec les préparations, il s'agit moins d'incorporer des substances dans le compost, même à dose homéopathique, que d'impulser des dynamiques, comme le fait un levain dans la pâte à pain.

Au-delà de cet apport de vitalité et de la dynamique d'assimilation des nutriments, l'introduction des préparations dans le compost établit un lien avec le cosmos tout entier, chaque plante étant reliée à une planète.

Les plantes des préparations sont assez courantes et chacune est bien spécifique des conditions particulières de son milieu de vie. Par exemple, la valériane se joue des conditions froides et humides dans laquelle elle pousse, l'achillée triomphe du chaud et sec, l'ortie est capable de réorganiser un sol perturbé et trop riche en matière organique fraîche, etc. Ces propriétés d'adaptation des plantes des préparations sont en quelque sorte transmises aux plantes cultivées sur les sols ayant reçu le compost biodynamique. Les cultures deviennent ainsi capables de mieux s'adapter aux conditions climatiques et pédologiques particulières à chaque saison et chaque terrain.

Prévention des maladies et ravageurs

Incinérer ou réaliser un purin de limaces ou d'escargots du 24 à 13 h au 26 à 5 h.

Utiliser les préparations

- Épandre le compost et pulvériser le compost de bouse.
- Élaborer le compost (voir p. 105 et 117).
- Pulvériser le compost de bouse après la fauche des engrais verts et sur les arbres fruitiers.
- Pulvériser la silice de corne sur toutes les plantes avant les récoltes, sur les fruitiers avant la chute des feuilles, sur les céréales d'hiver au stade 3 feuilles.

Le compost reçoit 6 préparations spécifiques.

Les phénomènes astronomiques et la météo

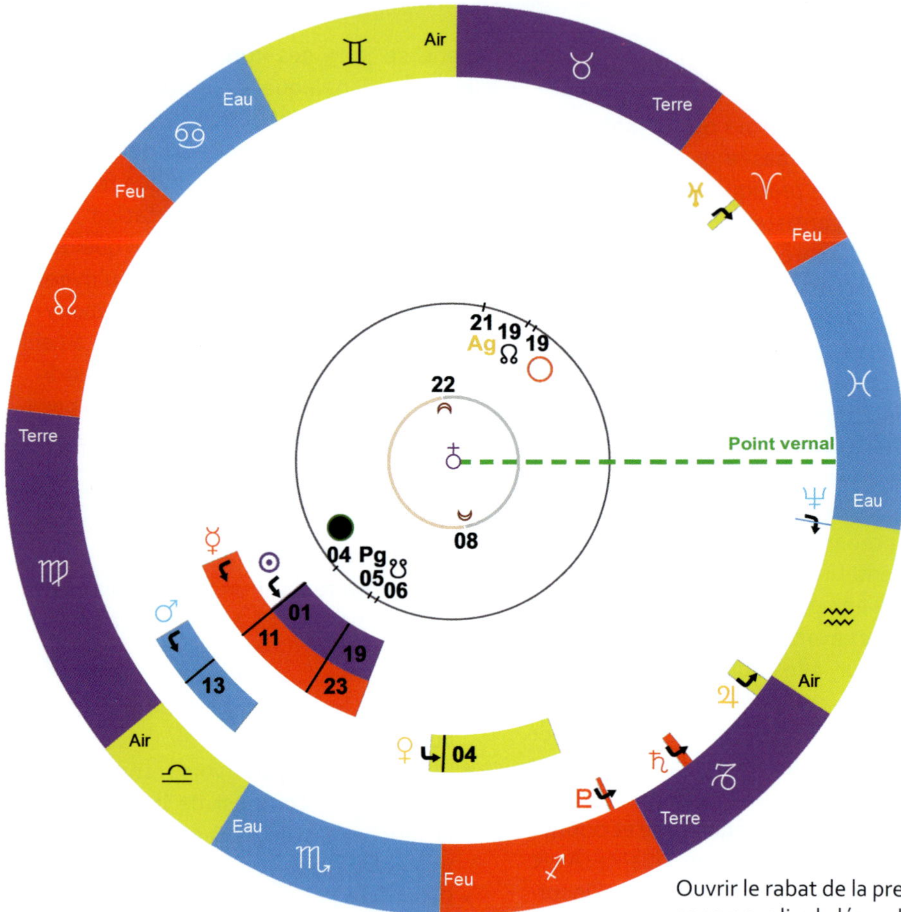

Ouvrir le rabat de la première page pour lire la légende.

Observer les planètes

Mercure, proche de son nœud et « rattrapant » le Soleil après son retour en sens direct, sera occulté par celui-ci le 29. En d'autres termes, il se produit une éclipse de Mercure par le Soleil. Mars, passant maintenant « derrière le Soleil » commence à être visible le matin au Sud-Est, juste avant le lever du Soleil. Mais elle reste très basse sur l'horizon jusqu'à la fin du mois et son observation ne sera pas facile. Le ciel du soir met en scène Jupiter, Saturne et Vénus, qui apparaissent dans un semblant d'alignement au coucher du Soleil. En début de mois elles sont encore assez éloignées, Jupiter se trouvant à plus de 20° de hauteur au Sud-Sud-Est et Vénus à moins de 10° de hauteur au Sud-Ouest. Elles se rapprochent en cours de mois. Le 30, dans un alignement presque parfait, les trois planètes sont visibles dès 17 h 30, Jupiter vers 27 ° de hauteur, un tout petit peu à l'Est du point Sud, Saturne vers 21° légèrement à l'Ouest du Sud et Vénus au Sud-Sud-Ouest à une douzaine de degrés de hauteur.

Les éléments stimulés par les planètes (voir le tableau page suivante)

Le Soleil, Mercure et Mars quittent la Vierge pour la Balance respectivement le 1er, le 11 et le 13. L'élément Terre perd ainsi de son influence à la faveur de l'élément Air qui devient même assez nettement dominant entre le 11 et le 22. Le 23, Mercure rejoint le Soleil devant le Scorpion, l'élément Eau est ainsi relativement bien stimulé en fin de mois. L'élément Feu retrouve un peu de vigueur dès le 4 grâce au passage de Mercure dans le Sagittaire.

Ouvrir le rabat de la dernière page de couverture pour lire la légende.

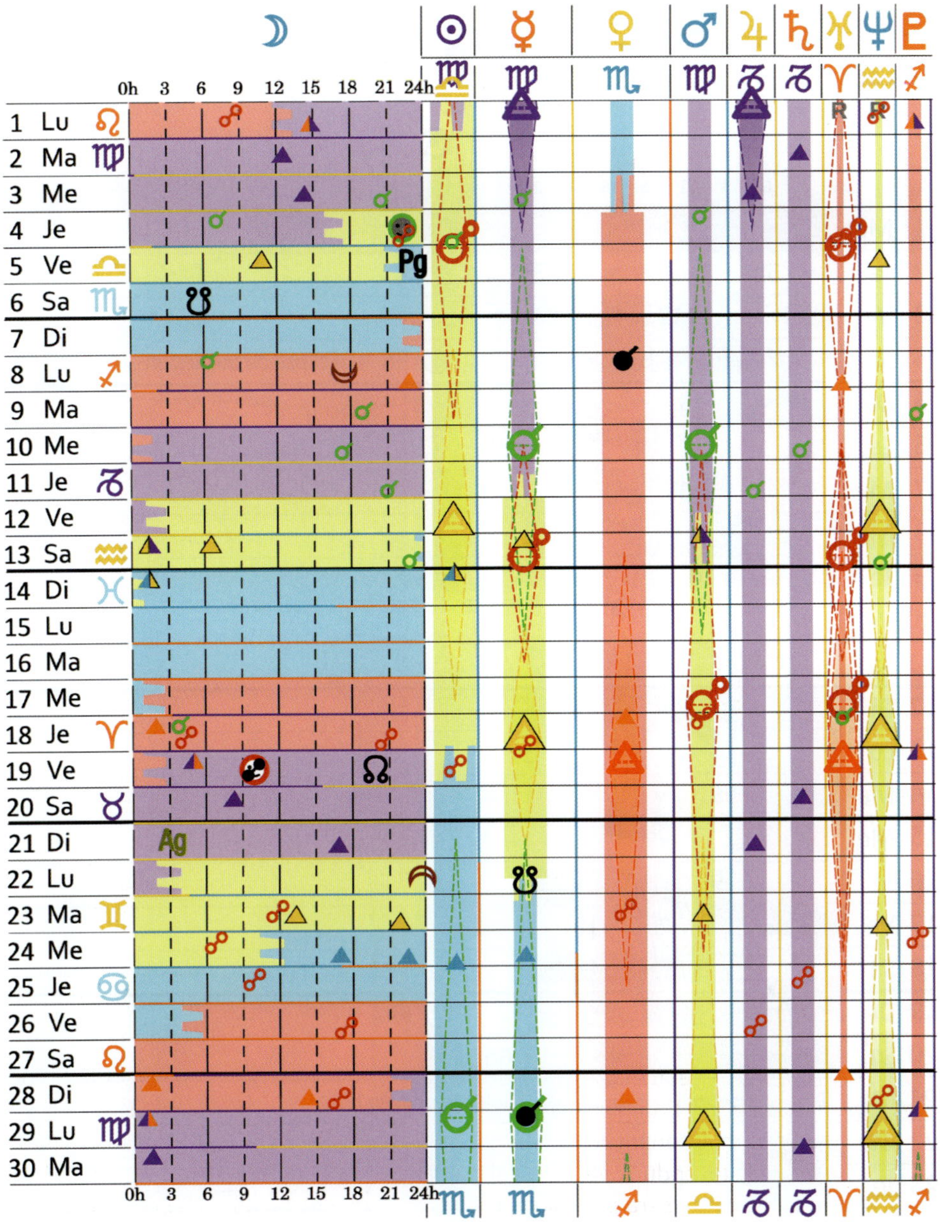

Voici les conditions météo les plus fréquemment observées lors de périodes ayant des positions astronomiques similaires :

Jusqu'au 3 : mêmes conditions que fin octobre.

Du 4 au 11 : brouillards matinaux encore fréquents avec cependant un ciel plus dégagé, plus venté / temps doux (sauf températures nocturnes du 5).

Du 12 au 23 : ciel plus lumineux, plus venté / temps doux (sauf les températures nocturnes notamment le 13).

À partir du 24 : temps humide et instable suivant assez fidèlement les jours du Calendrier des semis : jours-feuille plus humides, jours-fruit plus doux, jours-racine plus brumeux.

N.B. : Les couleurs du texte se rapportent à celles des courbes visibles sur les tableaux des deux premières pages du mois.

Décembre 2021

Astronomie

Planètes

0h 3 6 9 12 15 18 21 24h

Semaine	Jour	Heures	Notes
Semaine 48	1 Me		
	2 Je	5h 23	plantation
	3 Ve	4 10 12 19 23	
	4 Sa	23	9h Éclipse de Soleil à 9h
Semaine 49	5 Di	11	
	6 Lu		3h
	7 Ma	11	
	8 Me		
	9 Je	10	
	10 Ve		
	11 Sa	7	
Semaine 50	12 Di		
	13 Lu		
	14 Ma	9	
	15 Me		
	16 Je	9 21	
	17 Ve	5 19	
	18 Sa	6	
Semaine 51	19 Di		6h
	20 Lu	21	6h
	21 Ma	1 19	Solstice d'hiver 17h
	22 Me		Période de plantation
	23 Je	12	
	24 Ve		
	25 Sa		Noël
Semaine 52	26 Di	6	
	27 Lu		
	28 Ma		
	29 Me	15	
	30 Je	21	
	31 Ve		

0h 3 6 9 12 15 18 21 24h

Pour lire facilement les indications de ce tableau, ramener le rabat de la dernière page de couverture sur la page suivante. Pour plus d'explications, voir aussi les pages 3 et 4.

A faire au jardin et au verger

En période-racine

- Radis, navets, carottes, céleris, betteraves rouges devraient être récoltés et mis à l'abri.
- Protégez les silos du froid et de l'humidité avec de la paille ou un autre matériau isolant et surveillez-les après le gel et les pluies pour en retirer les racines abîmées.
- Salsifis, scorsonères, topinambours et panais peuvent rester en place, ils supportent bien les gelées.

En période-fleur

- Coupez les choux et les navets pour les mettre à lacto-fermenter.
- **Coupez les branches et le sapin pour les décors de l'Avent et de Noël.**
- Bouturez et greffez si le temps est doux.

En période-feuille

- Récoltez des choux de Bruxelles, ils sont plus digestes après avoir subi des gelées.
- Si de fortes gelées sont annoncées, il sera judicieux de mettre quelques choux cabus et des poireaux en jauge afin de pouvoir les récupérer facilement pendant les périodes de gel.

En période-fruit

- Récoltez les variétés de pommes et de poires tardives, des prunelles et des baies d'argousier et d'églantier pour les transformer en jus, compotes ou confitures.

Pour la biodiversité au jardin

Posez des nichoirs et nourrissez les oiseaux.

C'est aussi le bon moment pour

- Planter des arbres, tailler, bouturer les arbres s'il ne gèle pas.
- Badigeonner les troncs (voir p. 33).
- Bêcher les sols argileux.
- Assurer l'entretien du matériel.
- Gérer le stock de semences et planifier les rotations des cultures à partir d'un petit croquis du jardin.

In memoriam Matthias Thun

Matthias Thun né en 1948 est soudainement décédé le 22 juin 2020 d'un infarctus. Fils de Maria Thun, bien connue dans le milieu biodynamique par son célèbre Calendrier des semis, Matthias était véritablement le bras droit de Maria Thun. Sur la petite ferme expérimentale de la famille à Biedenkopf non loin de Marbourg au centre de l'Allemagne, c'était lui qui gérait la plupart des travaux agricoles et l'équipe des collaborateurs. Il appliquait les traitements biodynamiques et avait un lien particulier avec les abeilles auxquelles il a consacré un livre qui fut le premier ouvrage français ouvrant la voie vers une apiculture biodynamique. Matthias était un homme pratique, très cordial et fidèle au travail de sa mère.

Le Calendrier des semis biodynamique ne présente pas cette année de dates de semis ou d'abattage pour les arbres, nous prions nos lecteurs de nous en excuser.

Pratiquer la biodynamie

Construire un tas de compost

Pour un petit potager, jusqu'à 100 m² on peut très bien utiliser un silo comme décrit à la page 105. Mais pour un jardin de taille plus importante, il est vivement conseillé de se faire livrer du fumier animal, de préférence de vaches, et de dresser un andain. Il ne s'agit pas d'entasser pêle-mêle un tas de fumier et de déchets végétaux, mais de construire un tas ordonné et bien formé, puis d'y introduire aussi vite que possible les préparations du compost (voir p.111). Pour obtenir un démarrage rapide du processus de compostage, l'aire de compostage devrait toujours rester au même endroit, si possible à l'ombre d'une haie. Il est important de couvrir le tas pour limiter l'évaporation et le lessivage par les pluies et de maintenir une bonne humidité durant toute la durée du processus.

Le compost devrait accomplir quatre phases d'évolution, afin de former un humus de qualité. On retrouve ici la recherche d'équilibre entre les quatre éléments (voir le chapitre p.14). Ces périodes successives sont la phase de Feu qui supprime les bactéries nocives, la phase d'Air qui favorise l'apparition des champignons et des bactéries, la phase d'Eau qui voit apparaître la micro et la macro-faune (cloportes, collemboles, etc.), puis enfin la phase Terre, celle des vers de compost. La durée du processus de compostage est variable selon les saisons et les matériaux utilisés, mais en général, on compte entre 5 à 12 mois pour arriver au stade terminal de l'évolution. Quand le compost est parvenu à maturité, on n'y reconnaît presque plus les matériaux de départ. Il est temps de l'utiliser. Il ne doit pas salir les mains. Les vers doivent y être toujours actifs. Sa couleur devient noire et sa consistance grumeleuse et colloïdale (comme une colle, à l'image de l'argile, du complexe argilo-humique). Si le compost est trop âgé, sa qualité sera réduite : il aura perdu de ses valeurs nutritives, mais il contribuera tout de même à l'amélioration de la structure du sol.

Certaines cultures et certains sols apprécient des composts très jeunes ou, au contraire, plus vieux et presque arrivés au stade de terreau.

Quand vous épandez le compost, incorporez-le rapidement superficiellement dans le sol pour le protéger.

Prévention des ravageurs

Incinérer ou réaliser un purin de limaces ou d'escargots du 21 à 19 h au 23 à 11 h.

Utiliser les préparations

- Épandre le compost.
- Élaborer un compost.

Le compost traverse une phase « Feu » durant laquelle il monte en température, provoquant de la vapeur si l'air extérieur est frais (1). Puis une phase « Air » durant laquelle se développe le mycélium des champignons dans le tas, parfois jusqu'à l'apparition de leurs organes reproducteurs sur le tas (2). Puis une phase « Eau » et enfin une phase « Terre » où apparaissent les vers de compost (3).

Les phénomènes astronomiques et la météo

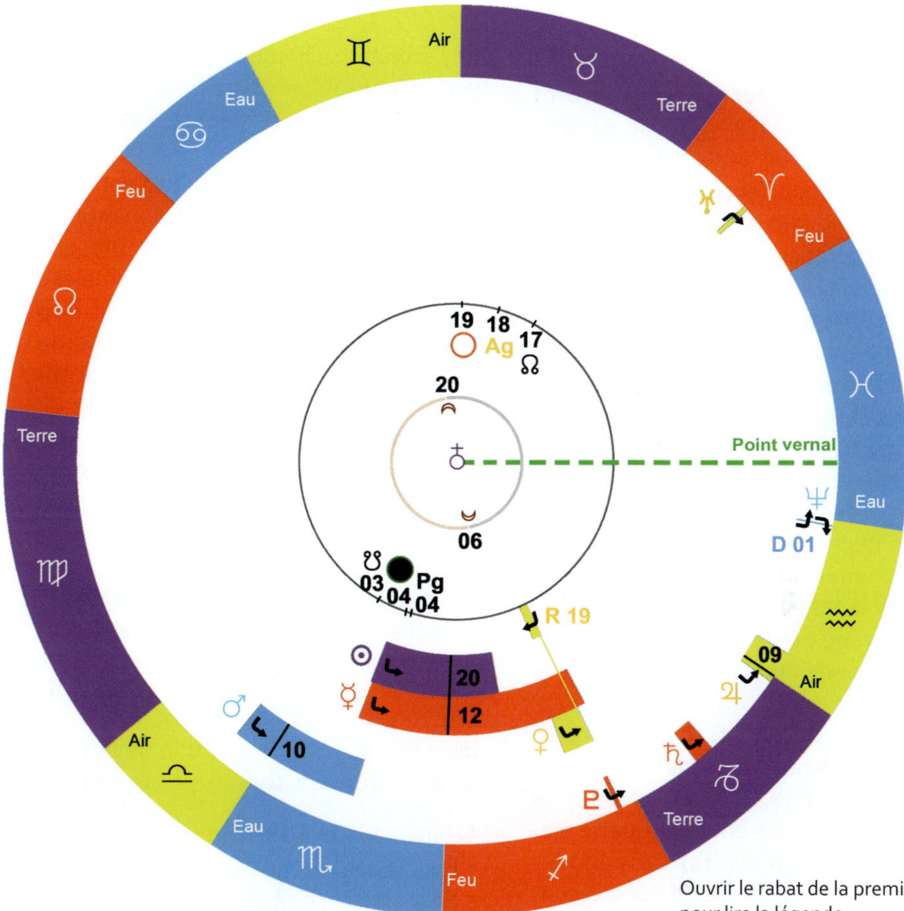

Ouvrir le rabat de la première page pour lire la légende.

Observer les planètes

Mars devient de plus en plus visible, en fin de mois nous pouvons observer son lever vers 7 h au Sud-Est puis elle s'élève jusqu'à presque 10° de hauteur avant de disparaître dans la lumière de l'aube. Le ciel du soir ressemblera à celui de novembre, avec cependant un décalage de nos trois comparses, Jupiter Saturne et Vénus, vers l'Est et vers le bas, ce qui implique une réduction de la durée d'observation possible. En toute fin de mois, l'alignement de ces trois planètes sera complété par la présence de Mercure, tout juste visible près de l'horizon après le coucher du Soleil.

Les éléments stimulés par les planètes (voir le tableau page suivante)

Jusqu'au 10 la situation reste la même que fin décembre : les quatre éléments sont stimulés de façon à peu près équivalente par des planètes bien réparties devant des constellations d'influences différentes. Mars quitte alors la Balance pour le Scorpion mais cette nouvelle stimulation de l'élément Eau est vite contrebalancée par Mercure qui quitte le Scorpion pour le Sagittaire le 12. A partir de cette date et plus encore à partir du 20 et l'entrée du Soleil dans le Sagittaire, l'élément Feu devient prédominant. L'élément Eau n'est alors plus stimulé que par Mars devant le Scorpion, l'élément Air par Jupiter et Neptune devant le Verseau et l'élément Terre par Saturne devant le Capricorne.

Ouvrir le rabat de la dernière page de couverture pour lire la légende.

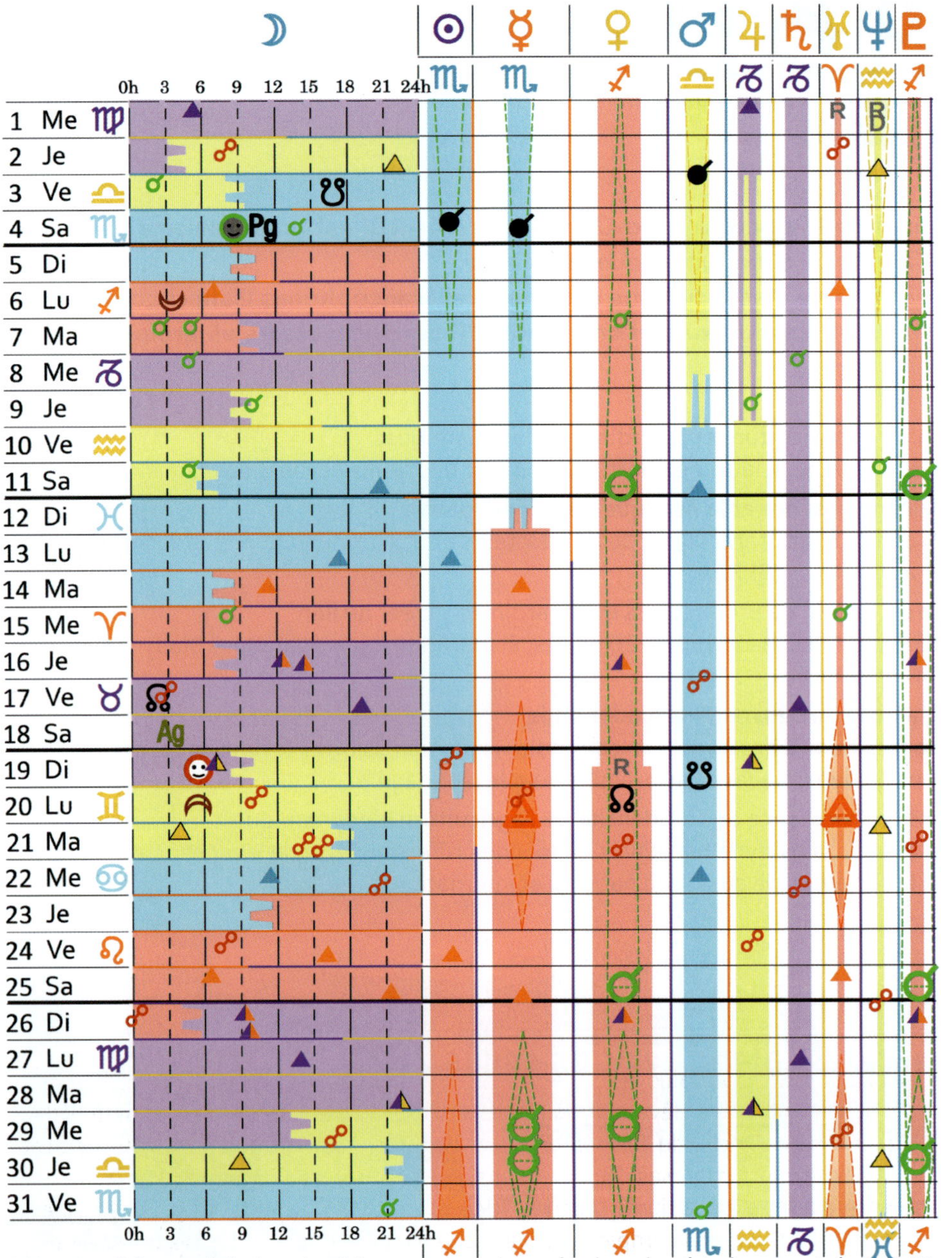

Voici les conditions météo les plus fréquemment observées lors de périodes ayant des positions astronomiques similaires :

Jusqu'au 13 : mêmes conditions que fin novembre : temps humide, instable, pouvant suivre assez fidèlement les jours du Calendrier des semis : jours-racine plus brumeux, jours-fleur plus venteux, plus dégagés, jours-feuille plus humides, jours-fruit plus doux.

À partir du 14 : températures très douces pour la saison / temps plutôt stable en début de période et instable à partir du 25.

Rendez-vous dans notre prochain Calendrier des semis biodynamique !

Météorologie

Voir à la page 5 comment les courbes proposées en couleur de fond de ces deux pages peuvent permettre de prévoir des tendances météo.
En dernière page du mois vous trouverez le tableau astronomique qui précise l'origine des données de ces deux pages ainsi qu'une interprétation possible de ces courbes.

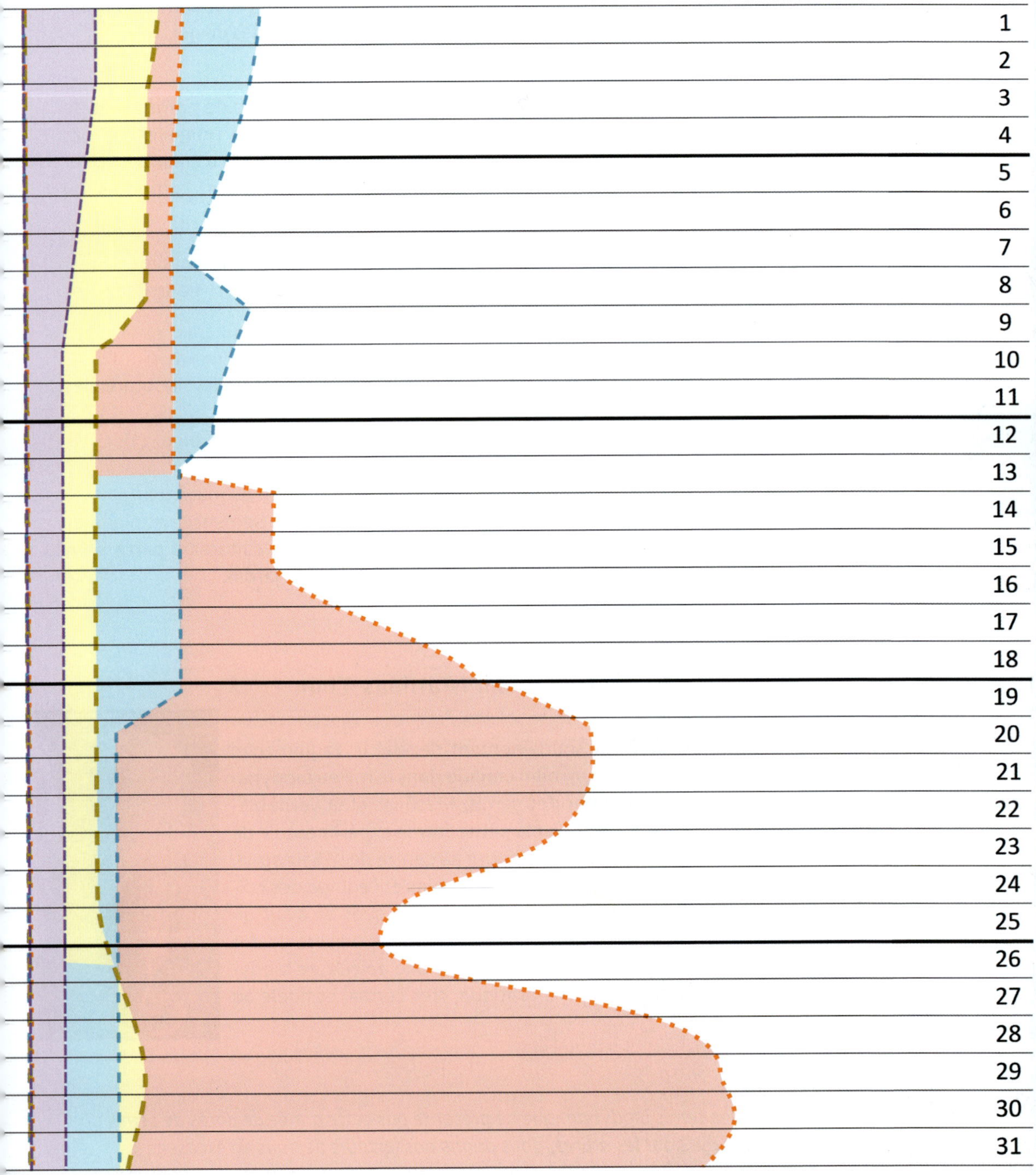